Agir et penser comme un chat

Direction éditoriale : Stéphane Chabenat

Éditrice : Aurélie Goube

Conception graphique et mise en pages :

Florence Cailly

Conception couverture et illustrations : MaGwen

Les éditions de l'**Opportun**

16 rue Dupetit-Thouars

75003 Paris

www.editionsopportun.com

Stéphane Garnier

Agir et penser comme un chat

« Tout ce qu'il me restait encore à vous dire... »

En hommage à Ziggy,
mon chat, qui m'a quitté
au début de l'été 2018.

MERCI

« Les personnes qui aiment les chats
ont quelques-uns des plus grands cœurs. »
Susan Easterly

Je dédie ce livre à tous les chats de la Terre, comme à tous les amoureux des chats qui ont fait le succès d'*Agir et penser comme un chat*, traduit dans plus de 28 langues, aux quatre coins du monde ! Mes plus sincères remerciements pour tous vos messages et vos témoignages, qui m'ont profondément touché. Car il n'est rien de plus gratifiant pour un auteur que le sentiment d'avoir été utile à travers ses écrits.

Si cet ouvrage m'a aujourd'hui échappé, et qu'il poursuit sa vie au gré des besoins de chacun qui, suivant sa culture et ses désirs, y puise ce qui lui est utile, j'espère que ces nouveaux secrets de vie du chat sauront à leur tour éclairer votre quotidien comme votre avenir.

Je vous souhaite le meilleur et un peu plus. Avec toute mon amitié, Chat-leureusement !

Stéphane

UN COMPAGNON DE VIE

Il n'y a plus personne allongé sur mes tas de feuilles depuis quelques mois. Il n'y a plus personne pour venir se frotter la tête contre mes pommettes au réveil. Il n'y a plus personne pour me sourire d'un double clin d'œil en rentrant le soir. Il n'y a plus personne pour marcher sur mon clavier quand il est tard. Il n'y a plus personne pour me rappeler à l'ordre des priorités, quand je m'évade trop longtemps entre les lignes. Il n'y a plus personne qui vient s'allonger sur mes plaies pour m'aider à m'endormir.

Il n'y a plus ces petits bruits aux quatre coins de chez moi, juste encore le faible écho de tes pattes qui jouaient sur le parquet. Petite symphonie qui court dans ma mémoire depuis ces longues semaines, depuis que tu n'es plus là, depuis que tu es parti, toi qui m'as accompagné toutes ces années, sur le chemin ardu de l'écriture et de la vie.

Qui sera là demain ? Où es-tu ? Qui sera encore, comme tu l'as si longtemps été, mon témoin de vie ? Qui saura, quand depuis tant d'années je voyais dans ton regard mon honnêteté sur la page, tour à tour apparaître et s'évanouir ? Qui saura me dire que je mens, que je me mens quand j'étire la grammaire aux confins de la syntaxe, pour n'en sortir qu'une logorrhée dont tu détournais la tête, pour mieux me faire comprendre que cette page n'avait pour meilleur avenir que celui d'une boulette de papier à jeter à la corbeille ?

Qui saura me guider aujourd'hui ? Qui saura me faire comprendre dans ses regards, ses attitudes, ses mimiques, à quel point je me trompe. Qui aujourd'hui sera mon guide ?

Il n'est plus de petits pas qui entrent furtivement dans mon bureau, il n'est plus de petits miaulements pour réclamer attention, caresses ou simple partage de vie. Il n'est plus que le cliquetis du temps qui t'a emmené, comme il emmène un parent, un ami.

Il n'est plus qu'à continuer en me souvenant des meilleurs moments, à te garder auprès de moi, au creux de mes pensées, comme mon plus grand compagnon de vie.

Il n'est plus, dans ce dernier ouvrage à tes côtés, qu'à délivrer ce que tu m'as offert ces derniers mois, quelques secrets de vie, quelques recettes de bonheur que je voulais jalousement garder, mais « rien ne sert de posséder ce que l'on ne peut partager », comme tu me l'as murmuré. Alors, si tu m'as appris comme à des centaines de milliers de personnes à travers le monde, à « agir et penser comme un chat », en ta mémoire, je ne peux que me faire le relais de tes ultimes conseils de vie.

« Tout ce qui n'est pas offert est perdu », nous répète l'adage. Il n'est plus rien d'autre qu'à offrir ce que tu m'as donné mon ami, mon chat, mon Ziggy.

En espérant te revoir ailleurs, ici, dans une autre diagonale de vie, je te le promets, je dirai tout, sans mentir, et, malgré ces tristes lignes, en gardant le sourire !

NOTRE
JOURNAL DE BORD
POUR
ACCOMPAGNER
VOTRE QUÊTE DU
BONHEUR

CE QUE J'AI OUBLIÉ DE VOUS DIRE…

Dans mon précédent ouvrage, *Agir et penser comme un chat*, j'avais réuni une quarantaine de qualités, de talents et de capacités du chat inspirants, à adapter à nous-mêmes pour cultiver notre bien-être.

Durant les mois qui suivirent la parution du premier ouvrage, au fil des interviews et de mes observations, je me suis rendu compte que j'étais encore loin d'avoir tout dit ! Régulièrement, Ziggy me soufflait de nouveaux mots, de nouveaux messages. J'abordais à travers lui et des souvenirs auprès des journalistes, des thématiques sur lesquelles je n'avais pas encore mis le doigt.

Puis, les premiers messages de lecteurs arrivèrent, me décrivant la manière dont ils avaient perçu ce livre, dont ils se l'étaient approprié et comment, individuellement, ils y avaient puisé des solutions propres à leur histoire de vie. Son usage comme son impact allaient en réalité bien au-delà de ce que j'avais imaginé. Je me suis alors mis à tenir une sorte de journal de bord des rencontres, notant sans cesse de nouveaux traits de caractère du chat dont pouvait s'emparer l'homme, et qui me sautaient désormais aux yeux.

Comme je le racontais souvent, Ziggy avait participé autant que moi à l'écriture de ce livre. Je finissais même par réaliser que, par moments, je n'avais peut-être été que son Scribe… et pour cela aussi il fallait que je lui rende hommage. S'il a été un guide dans cette quête inspirante du bien-être et de l'art de vivre, suite à vos touchants témoignages à son égard, je me devais de lui laisser tout autant la parole qu'à moi.

Alors j'ai eu l'idée de partager avec vous ce journal écrit à deux mains et deux pattes, pour vous livrer au fil des jours tout ce dont nous pouvons encore nous inspirer pour être encore plus heureux ! Tout ce que j'ai pu traduire de ses attitudes et de son regard dans le quotidien que nous avons pu partager ces derniers mois.

C'est tout autant mon observation des chats, que sa perception des hommes que je vous livre ici. Il ne s'agit pas là de pécher par anthropomorphisme, de faire dire à un chat ce qu'il ne pense pas, mais de l'écouter murmurer au travers de ses attitudes au quotidien et vis-à-vis de nous, ce qui pourrait nous rendre plus heureux. Dans cette extension du bien-être, c'est vers une nouvelle quête qu'il nous mène aujourd'hui, à le suivre en empruntant ses pas sur le chemin du bonheur au gré duquel il nous conduit.

Que l'on parle d'amour, de santé ou encore de travail, les échos du système de vie du chat me murmuraient des messages, des grandes lois et des conseils de vie. Ziggy me livrait encore ses secrets. Des secrets qu'il m'a fait promettre de vous transmettre avant, il y a quelques semaines, de s'endormir...

101 jours :
autant de secrets de chat
que de petits bonheurs
de vie à partager.

LE MOT DU PATRON

*C'était bien vu son premier volume d'*Agir et penser comme un chat, *mais il en manque ! Beaucoup même, si vous voulez vraiment « agir, penser, aimer et vivre comme un chat ».*

Il m'a rapporté que beaucoup de lecteurs avaient particulièrement apprécié mes interventions de chat dans son livre, alors nous avons passé un accord pour vous délivrer encore quelques secrets de bonheur, quelques secrets de vie de chat : j'ouvre les vannes en grand et, un jour sur deux dans ce journal de bord, il me laisse la plume. Et cela, pour mon plus grand plaisir !

Serviteur ! À vous d'écrire la mélodie de votre bonheur !

ZIGGY

DIMANCHE 1

À LA POURSUITE DU BONHEUR

« Quand ce que vous pensez, ce que vous dites et ce que vous faites sont en harmonie,
le bonheur vous appartient. »
MAHATMA GANDHI

« Le vrai bonheur ne dépend d'aucun être, d'aucun objet extérieur.
Il ne dépend que de vous-même. »
LE DALAÏ-LAMA

Dans le premier volume *d'Agir et penser comme un chat*, nous avions parcouru les quarante qualités et talents essentiels du chat, que l'on pouvait reprendre à notre compte, pour développer notre confiance en soi et nous détacher du paraître, pour être. Nous avions appris à lâcher prise et comment modifier quelque peu notre perception du monde, à travers l'œil du chat, afin d'installer plus de bien-être dans notre vie.

Ce que je vous propose dans ce second ouvrage, c'est d'aller un peu plus loin dans cette quête sereine de l'art de vivre. Après avoir défini, corrigé et réorienté ce qui pesait dans votre vie, vous allez pouvoir entrer dans une logique d'ouverture au monde. Je vous propose donc ici de pousser le curseur de votre bien-être, pour atteindre ce que nous cherchons tous : le bonheur !

Pouvons-nous parler d'un Coefficient Bonheur ? Même si le « CB » n'a rien à voir avec la CB ! Encore que, comme on dit, si l'argent ne fait pas le bonheur, il permet de choisir sa misère ! Le bonheur est le fruit d'un enchevêtrement si complexe de rêves, d'attentes, de désirs, de rencontres et de réalisations. Dès lors, pouvons-nous le quantifier ou le disséquer ?

Non, personne ne peut définir le bonheur à tel point il est propre à chacun dans sa définition, dans ses objectifs, dans la forme et les apparences qu'il revêt. Personne ne peut définir le bonheur à tel point il s'agit avant tout d'un chemin, d'une quête. Mais ce que nous pouvons tous faire, c'est nous approprier quelques jalons, quelques grandes règles, quelques exemples de vie. Et en la matière, la sagesse et la propension au bonheur du chat sont des plus inspirantes. Nous pouvons l'écouter nous murmurer ses secrets de vie, l'observer agir, quand, à cultiver à tout instant son bien-être dans la moindre de ses actions, c'est avant tout son bonheur qu'il construit.

Il nous reste donc encore un dernier pas à faire pour nous-mêmes. Après avoir emprunté les traces du chat pour cultiver notre confiance, notre estime, notre calme, notre sourire au monde, emboîtons le pas du chat dans sa pensée, pour peut-être en chemin atteindre le bonheur vers lequel il veut nous mener.

Si l'on atteignait le bonheur parfait, que nous resterait-il comme quête pour demain ? Le bonheur est la quête, la quête est le bonheur.

CHERS AMIS, CHERS HUMAINS

Chers amis, je suis vraiment heureux de vous retrouver aujourd'hui. Les mois et les années sont passés, et comme tous, même chat, je vieillis. Peut-être Stéphane l'a-t-il senti, puisque voilà des mois que je le vois griffonner des pages, à me papouiller encore plus que d'accoutumée, sûrement quelque part sait-il qu'il ne reste que peu de temps pour dire.

Souvent ces derniers mois, je l'ai vu tourner en rond entre le salon et la terrasse sur le pont arrière, le téléphone greffé à l'oreille, à tenter de convaincre certains journalistes, que oui, nous, chats, en savons beaucoup sur le fonctionnement des hommes comme celui du monde. Le pari était audacieux, et vouloir transmettre ce que nous avions vécu ensemble, tout aussi délicat. Et pourtant, à n'en pas douter, quand il me lisait les messages de remerciements des lecteurs, ou quand nous écoutions ensemble le replay d'une émission radio, j'étais fier d'avoir pu poser quelque part ma patte de chat sur toutes ces vies. De même, j'étais heureux à chaque fois qu'il me montrait les couvertures des traductions de ce livre. Nos histoires voyageaient de par le monde !

Nous, chats, ne parlons qu'une seule langue, pas besoin de traduction. Intrinsèquement, nous sommes universels. Y avez-vous déjà pensé ?

Fut un temps, dans notre première maison, j'ai vécu en compagnie d'une chatte d'origine marocaine, dont la maîtresse était la petite amie de mon maître. Elle l'avait ramenée d'Essaouira lors d'un de ses voyages. Je les entendais dire qu'elle était marocaine, mais quel sens cela avait-il pour moi ? Pour elle ? Aucun. C'était une chatte comme il y en avait d'autres dans le quartier, plus à mon goût peut-être. Très belle en tout cas, une rencontre à domicile, la belle affaire pour moi ! Les présentations furent rapides et la complicité immédiate. Pour nous comprendre, rien de plus facile, puisque nous ne parlions qu'une seule langue, universelle, celle de l'amour, celle des chats. Nous nous sommes mis à partager le même toit, avant de partager le même lit.

Si j'ai tout de même un petit aveu à faire, c'est celui de peut-être avoir un peu surjoué de mon handicap avec cette patte en moins, afin de me faire un peu plaindre... mais surtout pour qu'elle arrête de gesticuler lors de nos ébats ! Je n'arrêtais pas de tomber !

Mais revenons à nos moutons, à nos chats du moins, pour parler de ce qui nous sépare malheureusement de vous, chers humains, pour nous comprendre : cette langue unique et universelle par laquelle nous tentons depuis la nuit des temps de vous livrer quelques messages de vie. Cette langue d'amour que vous avez si souvent du mal à comprendre, ces quelques messages que Stéphane a tenté de vous retranscrire avec ses mots. Il reste pourtant tant à dire. Je vous invite donc à découvrir dans les pages à venir, en langage chat, quinze secrets de vie :

Lapensar
Naja
Creto
Rena
Amto
Regra
Recal
Sohum
Amtodeto
Sobie
Sosimdi
Palepato
Intavi
Acoja
Capa

A-T-ON DROIT AU BONHEUR ?

« Le ronronnement semble être, dans son cas, un dispositif de soupape de sécurité automatique pour traiter un bonheur trop plein. »
MONICA EDWARDS

A-t-on droit au bonheur ? Voilà une question que le chat ne se pose jamais. Et pour cause, l'évidence du bonheur équivaut pour lui à sa quête de vie pleine et entière. Le bonheur n'est pas une chose ou un Graal à conquérir ou à obtenir, le bonheur passe entre autres par l'acceptation et le renversement de choses négatives. Ce que l'on nomme aujourd'hui la résilience.

Alors, c'est quoi le bonheur ? Chacun y va de sa petite louchée, mais au final, le bonheur est un ensemble de facteurs nécessaires qui évoluent au fil d'une vie. Le bonheur n'est pas un astre figé. Tout ce que nous pouvons jauger en définitive, selon quelques critères, c'est une image de notre Coefficient Bonheur à un instant T de notre vie.

Le plus simple pour commencer, et pour accéder à la spirale ascendante du bonheur avec un grand B, c'est tout d'abord, comme le chat, de savoir cultiver les petits bonheurs de chaque jour. Des choses simples, que l'on peut faire chacun à notre portée, mais surtout des choses qui nous donnent du plaisir, si tant est qu'on prenne le temps de les faire.

Certaines personnes sont très douées pour cultiver ces petits bonheurs au quotidien, quand d'autres, pour ne pas dire la plupart d'entre nous, ne prennent même plus le temps de jouir de ces petits riens, aspirés dans un tunnel de choses à faire et de problématiques à régler. En définitive, tous ces petits instants personnels, ou à partager, représentent le sel de ce bonheur que nous seuls sommes capables de bâtir pour nous-mêmes. Il ne s'agit pas d'attraper un ballon de fête foraine, mais de construire un château, pierre par pierre, comme un édifice solide.

Alors, avons-nous droit au bonheur ? Quand je regarde le chat, je dirais plutôt que le bonheur n'est pas un droit, mais avant tout un devoir que l'on se doit à soi.

**Il n'est pas de petits bonheurs en ce monde.
Il n'est qu'une échelle de valeur qu'on leur accorde, il n'est que le regard qu'on y porte.**

MERCREDI 4

REGARDEZ-MOI...

L'étoile de mer

Nous les chats, ce que nous adorons, c'est vous regarder vous lever chaque matin, c'est ouvrir à peine les yeux, bâiller, nous étirer et reposer notre tête sur le coussin afin de nous rendormir.

Oui, n'en doutez pas, quelque part, on se moque gentiment un peu de vous ! Mais honnêtement, parfois, ne faites-vous pas de même ? Quand votre conjoint-e se lève deux heures avant vous, et qu'après lui avoir adressé un vague « Bonne journée chéri-e ! », vous faites l'étoile de mer dans le lit en esquissant un sourire malin ? Un vrai petit bonheur ! Un vrai petit plaisir à cultiver au quotidien !

Je veux mon câlin

Quand nous en avons envie ou besoin, nous cherchons auprès de vous de l'affection et des caresses. Nous vous demandons de l'attention, de la douceur, en nous frottant à vous, en ronronnant. Pourquoi ne pas faire de même dans votre couple ? Il m'est arrivé d'observer certains couples, dont l'un avait terriblement besoin d'affection, cela se sentait, mais qui n'osait pas toujours le demander sur l'instant à son-sa conjoint-e, le-la voyant distant-e ou peu disponible à ce moment-là. C'est une erreur, parole de chat !

Quand on s'aime, on est toujours ouvert et disponible à un câlin. N'hésitez jamais, quand vous en avez besoin, à aller chercher de l'affection et de la tendresse auprès de votre conjoint-e.

CONSTRUIRE SON BONHEUR

« Le bonheur, c'est comme un chat,
si vous essayez de le cajoler, il vous fuit,
si vous ne vous occupez pas de lui,
il vient se frotter contre vos jambes
et saute sur vos genoux. »
ROBERTSON DAVIES

Tel que nous l'enseigne cette citation de Robertson Davies, considérer le bonheur comme une « chose » à obtenir et à jalousement conserver n'amène que frustration, tristesse et déception. Le bonheur tient avant tout à une certaine perception des choses, des événements, du monde et des personnes qui nous entourent. Il n'y a rien à saisir ou à obtenir, mais tout à percevoir et à ressentir, comme l'a bien compris le chat. De cet état d'esprit naissent la spirale ascendante, ou la spirale descendante, le cercle vicieux, ou le cercle vertueux.

Selon vous, pour le chat, le bonheur, c'est quoi ? Manger ? Jouer ? Dormir ? Une vision un peu simpliste, mais oui, entre autres ! Cependant nous sommes encore loin de tout ce que nous pouvons apprendre de lui.

Comme le chat, le fait de cumuler chaque jour des petits bonheurs, des petits plaisirs, aussi anodins soient-ils, nous entraîne dans une spirale ascendante qui rend notre vie plus légère. Nous allons de mieux en mieux simplement. À l'inverse, comme nous l'avons vu dans le précédent ouvrage[1], laisser s'accumuler dans notre vie les situations qui ne nous plaisent pas, les relations toxiques, et tout ce qui est susceptible d'assombrir notre journée, ne peut que nous entraîner dans une spirale descendante. Ainsi nous allons de plus en plus mal, aspirés vers le bas.

Si le chat ne fait que ce qui lui plaît, et quand ça lui plaît, c'est donc tout simplement pour nourrir cette spirale ascendante du bien-être. N'oubliez jamais que son moteur de vie reste son bien-être sous toutes ses formes, qu'il cultive sous de multiples facettes.

Il est tellement plus facile, parfois, de ne souligner que ce qui ne va pas, de se laisser aller à ne voir le verre qu'à moitié vide... C'est malheureusement un petit travers courant. Par moments, nous avons tendance à poser une loupe sur les petits soucis, tout en balayant au passage, involontairement, tout ce qui a pu participer à quelques instants de joie au cours de notre journée. De cet instant, de ce zoom avant sur les petits tracas, naît le cercle vicieux de notre mal-être qui nous entraîne dans la spirale descendante de notre mal de vivre.

Pour y remédier, faites comme le chat : chaque jour en fin de journée, repensez à trois petites choses qui

---

1. *Agir et penser comme un chat*, éditions de l'Opportun, 2017.

vous auront apporté ne serait-ce qu'un petit brin de bonheur, même juste quelques secondes. Un simple sourire échangé à l'angle d'une rue pourra être l'une de ces choses par exemple. Remémorez-vous ces petits instants de bien-être comme l'essentiel à retenir de la journée, et le lendemain recommencez.

Petite pensée de ce matin, en rédigeant ce chapitre, afin d'illustrer mon humeur et d'alimenter cette spirale ascendante :

« Dans le marasme nébuleux et ventripotent du lundi où la levée de corps s'effectue à l'aide de treuils et de palans ; au chapitre des petits bonheurs, je tenais à remercier ce matin l'existence du sucre pour le café, des fleurs pour les champs, du rayon de soleil qui caresse le visage et du sourire pour les femmes qui illuminent ma journée... N'ayant que douceur et béatitude pour toute entrave, aujourd'hui, je laisserai s'ébrouer les vicissitudes du monde sans, plus que cela, y prêter garde. »

Chaque jour, pratiquez le cumul des petits bonheurs et remémorez-vous chacun de ces instants comme l'essentiel à retenir !

LAPENSAR

« Les chats ne se sentent jamais menacés. Ils sont génétiquement incapables d'intégrer l'idée que quelqu'un pourrait avoir de l'aversion pour une créature aussi parfaite qu'un chat. »
Kathy Young

En tant que chat, j'ai toujours beaucoup aimé cette citation. Elle est tellement vraie !

N'avez-vous jamais vu l'une de ces nombreuses vidéos de chats tenant tête à un chien, à un crocodile, ou encore à un félin bien plus imposant qu'eux ? Un chat ne recule pas. À quoi nous servirait-il d'avoir peur ? En faisant ainsi face au danger, faisant fi de toute peur et de notre petite taille, nous prenons notre ennemi par surprise, sûr qu'il était de nous faire fuir, d'un simple cri et de sa taille imposante.

Un chat reste campé sur ses positions et envoie des coups de pattes pour tenir son adversaire à distance.

S'il nous arrive de nous enfuir (car surpris par l'ennemi), nous le faisons dès le départ, dès la première seconde de confrontation. Mais si nous faisons le choix de rester, nous nous imposons comme l'être dominant, et il arrive très souvent que, dans cette confrontation de force psychologique, nous gagnions, et que l'ennemi, tout supérieur et effrayant qu'il fût, rebrousse chemin.

Depuis que vous avez bâti vos sociétés, vous, les humains, n'êtes pas confrontés quotidiennement à de tels dangers. Cependant dans votre vie, il vous arrive malgré tout de fuir face à vos peurs, ou à des changements brutaux, plutôt que d'y faire face avec aplomb et assurance.

Nos peurs empêchent tout et ne sont jamais utiles, si ce n'est à nous paralyser devant une décision à prendre ou un danger. La peur est notre plus grand handicap, elle ne sert jamais nos besoins ni nos envies, ne solutionne jamais rien. De toutes natures, elle nous empoisonne souvent la vie, nous empêchant d'être heureux, de décider, d'aller à la rencontre de personnes ou à la poursuite de rêves que l'on aura longtemps caressés.

Secret de vie du chat :

LAPENSAR
LA PEur Ne Sert À Rien !

DANS L'ŒIL DU CHAT

« Les Chinois voient l'heure dans l'œil des chats. »
Charles Baudelaire

Avez-vous déjà tenté de vous mettre dans la peau d'un chat ? De voir le monde depuis son point de vue, réellement ? Vous êtes-vous déjà demandé comment lui perçoit ce qui nous semble à nous si réel, si évident ? Et si, l'espace d'un instant, nous changions l'angle d'approche de nos certitudes, notre manière de percevoir ce que l'on croit si important et si certain... Juste pour quelques instants, à travers ces lignes, regardez le monde dans l'œil du chat.

Dans l'œil du chat, c'est toute notre perception du monde qui se trouve modifiée.

Dans l'œil du chat, est-ce le vent qui pousse les branches de l'arbre, ou l'arbre qui bouge et s'étire comme un être vivant ?

Dans l'œil du chat, une voiture est un objet qui bouge, et qui n'a d'autre utilité que de bouger, en aucun cas de permettre à l'homme de se déplacer.

Dans l'œil du chat, les choses ne se déplacent pas, elles disparaissent d'un endroit pour réapparaître à un autre.

Dans l'œil du chat, les oiseaux ne volent pas, ils sont en l'air, et lui en bas. Et dans cet œil, un oiseau qui se pose à terre n'a rien à faire là, il devient donc une proie.

Dans l'œil du chat, l'horloge n'est qu'un objet comme un autre, et la trotteuse, si elle tourne, peut alors devenir un jouet. Mais jamais le temps qui s'écoule ne vient encombrer la journée ni la pensée d'un chat, à devoir faire face ou à devoir penser à quoi que ce soit dans un temps déterminé. Dans l'œil du chat pour son plus grand bonheur, le temps n'existe pas.

Dans l'œil du chat, si le temps n'existe pas, il n'est donc pas de raison de s'en soucier, pas plus qu'il n'est de raison de vieillir, puisqu'il n'existe pas. Est-ce l'une des raisons pour lesquelles, physiquement, le temps marque si peu, même les plus vieux chats ?

Dans l'œil du chat, il n'est pas de hiérarchie, il n'est pas de carcan de société, de conditionnement de pensées, il n'est que des chats, des égaux, des semblables.

Dans l'œil du chat, il n'est qu'amour à prendre et à donner, et cela sans condition ni contrepartie, ni image ou statut social à renvoyer.

Dans l'œil du chat, le feu n'est pas chaud mais dangereux, et l'eau ne mouille pas mais est désagréable. Il saura alors, sans plus de raison que cela, demeurer éloigné de ce qui ne lui plaît pas.

Dans l'œil du chat, la rivière ne cessera jamais de s'écouler, et cela il le sait, tandis que nous nous croyons immortels au sommet de nos plus belles années.

Pour changer votre point de vue, regardez le monde dans l'œil du chat.

DIMANCHE 8

COMME JE VEUX, QUAND JE VEUX

Voilà un des principaux mots d'ordre de nous autres, chats ! Faire ce qui me plaît, quand je le désire.

Je sais bien que vous avez des boulots, des obligations. Je vous vois bien partir chaque matin, de ma fenêtre, toujours aux mêmes heures. Et vous revenez le soir de la même manière, avec parfois les bras chargés de courses, d'où il arrive que dépasse un sac de croquettes !

À vous regarder vivre, je me rends compte que pour beaucoup une forme d'obligation d'horaires existe, qui semble souvent vécue comme une contrainte, à voir vos têtes encore endormies et vos visages pâles et maussades monter dans vos véhicules au petit matin.

Mais il existe aussi deux jours, qui reviennent toutes les cinq nuits où, aux alentours, j'entends beaucoup moins de réveils et où, à me poster à la fenêtre, je ne vois pas ces mêmes visages sortir de chez eux à heure fixe. Deux jours donc, au cours desquels la plupart d'entre vous peuvent aussi faire comme nous : ce que vous voulez, quand vous le voulez ! Sans obligations, ni horaires, ni contraintes, hormis celles que vous-même vous imposez. À l'image de Stéphane qui, malgré sa grasse matinée, reprend souvent ses habitudes de griffonnage sur papier, parfois le week-end entier, comme il le fait le reste de la semaine. Mais si c'est son plaisir, pourquoi s'en priverait-il ?

Faites ce que vous voulez, mais faites-vous plaisir ! Veillez juste à éviter toute forme de routine !

LUNDI 9

LES VIEUX SONT COMME LES CHATS

« Et s'ils avaient raison, les vieux et les chats ?
Si tout ce qui comptait, pour s'estimer heureux,
c'était de se sentir vivant ? »
ANNE PERCIN

Curieuse observation, mais c'est pourtant une évidence qui m'a sauté aux yeux, alors que j'étais en visite dans ma famille. Oui, certaines personnes âgées sont comme les chats : elles dorment, sont gourmandes, se tiennent près du feu en hiver et jouent à des jeux de société.

L'un comme l'autre, passent de longues heures à regarder le monde s'agiter, avec le regard perdu dans le lointain.

Les personnes âgées, comme les chats, parlent peu mais toujours à raison et ne s'activent que par besoin.

Il arrive souvent que certaines vieilles dames s'amusent comme le chat de longues heures avec une simple pelote de laine.

Et comme j'allais enfant avec mon grand-père arroser le pêcher au fond de la cour à la lueur des étoiles,

les chats, pour marquer leur territoire, adoptent le même rituel.

Quand il fait chaud, le chat se tient à l'ombre, comme les anciens ferment leurs volets pour préserver la fraîcheur de la maison.

Quand il fait froid, comme nos aînés, le chat ne s'éloigne pas du chauffage, de l'intérieur douillet, des coussins moelleux et tièdes du canapé.

Comme la plupart des personnes âgées, le chat dort de longues heures en pleine journée et, comme le chat, les têtes blanches s'endorment n'importe où, en n'écoutant que leur bon vouloir, sans rien demander.

Il y a finalement si peu de différences entre une personne âgée et un chat, la même appétence à la visite impromptue, à cette caresse donnée, la même tendresse dans le regard.

Ce même recul sur le temps qui passe, sur les années qui se sont écoulées, au regard de celles qu'il reste à traverser.

Il est si peu de différences entre la première gorgée de café au matin et la première lapée de lait, l'aube tout juste levée, le même plaisir, le même sourire, le même amour des choses simples à déguster.

Pour eux, les choses sont simples, l'essentiel est là. Faut-il prendre de l'âge pour véritablement parvenir à vivre comme un chat et regarder le monde avec ce regard lointain et pétillant, pour à jamais comme le chat en rester émerveillé ?

**Aimez toujours un peu plus,
et l'âge avançant, à vous sentir
vivant, efforcez-vous
de croire au bien.**

QUELQUES MOTS POUR LES HOMMES :

LE PETIT COUP DE GUEULE DU CHAT !

Vous, les hommes, croyez parfois tout savoir. Vous, les hommes, croyez parfois tout comprendre. Et pourtant, tant de choses vous échappent. À bien y réfléchir, votre vie, votre connaissance et votre intellect n'ont émergé que depuis quelques siècles, quand nous sommes là depuis bien plus longtemps, nés avec la même somme de savoirs aujourd'hui qu'il y a dix mille ans.

Nous vous avons vus arriver, et pendant longtemps nous vous avons évités. Jusqu'à ce que les premiers d'entre nous veuillent bien vous approcher, pour voir, pour savoir et pour comprendre ce qui vous animait, ou si tout du moins, vous étiez prêts.

Il en a fallu des siècles, à nous promener aux quatre coins du monde à vos côtés, à vous aider dans les mines, dans les greniers, dans les champs, même sur les fronts de vos guerres, à préserver votre nourriture, vos semis.

Il en a fallu des années, pour que vous compreniez que nous étions là pour vous aider à vivre dans un monde pour vous encore en friche.

Quelle embarcation, quel navire, aurait pu survivre aux rats qui grignotaient les cordes indispensables à maintenir la coque de vos premières constructions navales ?

Quel monde auriez-vous pu visiter ou découvrir sans que nous soyons là, à bord, à vous épauler quand vous sillonniez les mers ? Vous avez oublié, oui oublié, que sans nous, vous ne connaîtriez pas le monde. Que sans nous, vous seriez restés dans vos petits prés carrés, à croire que la Terre était plate, et qu'au bout du croissant de l'horizon, se trouvait un abîme où l'eau des océans ruisselait dans un vide infini.

Vous avez oublié que nous avons toujours été là pour sauver vos denrées vitales, comme votre paquetage de nourriture durant les guerres.

Aujourd'hui, souvent, vous ne nous voyez plus que comme des poupées à sagement ranger dans vos petits appartements où parfois l'on s'ennuie, et que vous venez caresser suivant vos besoins et vos envies. Des poupées dont il faut même ôter les griffes, car cela risque d'abîmer le cuir hors de prix du dernier artiste qui s'est improvisé dans l'art du canapé stylé. Des poupées qui doivent se plier à vos moindres désirs jusqu'à atteindre aujourd'hui les confins de l'absurdité, quand, suivant parfois des goûts personnels, pour vous rassurer, vous nous imposez – comme vous et contre-nature pour nous – de devenir des végétariens passés au presse-purée.

Êtes-vous devenus fous pour certains ? Avez-vous tout oublié ? Quand, pour nous, ne manger que des végétaux est synonyme d'une mort proche et programmée ?

Avez-vous donc tout oublié de notre liberté, comme de la vôtre que vous avez si facilement bradée, au son des sirènes du tout paraître, après celles du prêt-à-penser ? Êtes-vous devenus fous ? Avez-vous vraiment tout oublié ?

Qui étions-nous avant de devenir des peluches à exhiber ? Nous étions, bien avant le chien et le cheval, l'animal qui vous a permis de conquérir le monde en préservant vos embarcations, vos plantations, vos réserves et votre garde-manger.

Avez-vous donc tout oublié ?

Avez-vous donc tout oublié... ?

Avez-vous oublié que depuis la nuit des temps, contrairement à vous, nous n'avons pas changé. Des pharaons d'hier, en gardiens de ferme, jusqu'à conservateurs de musée, nous avons toujours été les mêmes, juste là pour vous aider.

Nous n'avons pas eu besoin d'évoluer au fil des siècles contrairement à vous, car il est des savoirs dont nous sommes gardiens encore à ce jour. Des savoirs auxquels vous n'êtes, à suivre votre actualité, pas encore prêts, des connaissances auxquelles il vous manque encore un dernier déclic, pour vous asseoir et vous baigner dans le visage du monde en toute sérénité.

Et, à voir l'évolution de votre monde, de votre humanité encore à ce jour, je ne vois qu'une boucle, un cycle, qui se répète depuis des siècles, inlassablement, sans avancée réelle sur l'âme humaine. Juste des technologies, du progrès, mais rien qui ne peut encore atteindre les délicatesses du savoir que nous détenons depuis toujours.

Nous prions pour les hommes chaque jour. Nous étions là hier, nous sommes là aujourd'hui, nous serons là demain pour vous. Mais à tout peser, malgré vos technologies, votre intelligence artificielle qui émerge et que vous ne maîtrisez pas, vos désirs incertains de vouloir sauver la planète, il vous manque surtout ce que nous vous avons toujours offert. Il vous manque surtout un supplément d'amour, pour la personne que vous êtes, pour celle que vous croisez, pour celle que vous allez faire naître, quand nous vous voyons encore, trop souvent recroquevillés sur vous-mêmes, à ausculter toute votre existence ce nombril de votre naissance, qui confine à vous croire en réalité Dieu de l'univers. Ce nombril, ce symbole persistant de votre manque d'amour. Avons-nous un nombril autour duquel nous passons notre vie à tourner, nous ? Fiers oui ! Indépendants encore plus ! Mais égocentriques et narcissiques, jamais !

À tout voir, il n'est sur Terre que deux types de personnes, celles qui donnent et celles qui prennent. Et tant que la balance ne penchera pas vers celles qui donnent, vous resterez dans cette boucle qui se répète, de génération en génération. Vous resterez à pleurer sur les années passées, sur ce qui n'a pas été fait, sur ce qui n'a pas été donné. Mais nous serons là, comme nous l'avons toujours été, comme hier, à tenter de vous réconforter, à essayer de vous montrer la voie, de vous ouvrir la porte vers ce nouveau monde qu'à travers toutes vos religions et vos croyances vous avez toujours cherché. Nous serons là, à vous montrer qu'il a toujours été là, sous votre nez, si, l'espace d'un instant, vous vouliez bien nous écouter.

J'avais envie de vous dire cela, du haut de mes années de chat et de la connaissance universelle qui coule dans mes veines. J'avais envie de vous pousser un peu ce jour, à ne plus nous regarder seulement comme des peluches où puiser vos carences d'amour, mais également comme le compagnon d'une vie éclairée que nous pouvons être pour vous.

Regardez-moi, regardez-vous, regardez à présent autour de vous. Le monde n'est-il pas dans l'œil du chat une réalité augmentée d'une dose de tendresse, d'une dose de savoir, d'un élan d'amour ?

MERCREDI 11

LE CHAT EST UN ENFANT SAGE

« Les chats et les enfants se ressemblent,
ils ne quittent presque jamais les coutumes
qu'ils ont prises dans leur jeunesse. »
JEAN DUVERGIER DE HAURANNE

Et si, comme le chat, nous tentions de redécouvrir l'enfant enfoui au plus profond de nous ? Cet enfant qui, comme le chat, savait s'amuser et rire de tout. Cet enfant dont on a oublié avec l'âge, les cadres familiaux et les carcans de société, les rêves et les désirs... Cet enfant dont on a même oublié l'éclat de rire spontané. Cet enfant qui, comme le chat, se mettait à courir après un papillon, cet enfant qui accueillait la vie et ses bonheurs, sans filtre, à bras ouverts, dans un sourire de chaque instant.

Oui, les chats se comportent souvent comme des enfants, pour leur plus grand bonheur ! Et ils parviennent à préserver cette part d'insouciance et de bonheur du chaton qu'ils étaient. Pourquoi ne tenterions-nous pas de faire de même ? À quoi ressemblait la petite fille ou le petit garçon que vous étiez hier ? Quelles étaient vos passions, vos secrets ? Où cachiez-vous votre coffre magique, dans lequel vous conserviez amoureusement tous vos petits trésors ? Vous souvenez-vous ?

Qu'est devenue cette partie de monde et de vie imaginaire qui nous permettait enfants, comme le chat le fait tout au long de sa vie, de vivre à cheval en permanence entre deux sphères ? Entre la réalité et le rêve ?

Retrouver l'enfant qui sommeille au fond de soi, c'est retrouver des petits plaisirs de vie, des joies simples, un moment de bonheur pur et sans artifice, comme le chat sait si bien le vivre et à tout instant, le faire jaillir.

Et si l'on retrouvait, et si l'on écoutait l'enfant qui sommeille en chacun de nous ?

JEUDI 12

NAJA

Nombre de fois j'ai entendu certains mots dans la bouche des hommes, nombre de fois j'ai secoué la tête devant les intonations défaitistes, les intentions d'abandon.

Nombre de fois j'ai entendu « Laisse tomber, tu n'y arriveras jamais. », parmi les esprits les plus critiques, parfois les jaloux, parfois les plus faibles. Nombre de fois je vous ai vus abandonner alors que vous y étiez presque.

Avez-vous déjà essayé d'influencer un chat ? Je vous vois sourire. L'avez-vous déjà vu une seule fois abandonner son projet, sa chasse, sa proie, son envie de caresse ?

On dit que le chat obtient toujours ce qu'il désire, mais savez-vous pourquoi ? Quel est son secret ? Dans notre vocabulaire de chat, cette volonté tient en quatre lettres.

Secret de vie du chat :

NAJA
N'Abandonne JAmais !

SOUVENIRS D'ENFANCE

Histoire de vie, histoire de chat

« J'ai vécu avec plusieurs maîtres zen – tous des chats. »
Eckhart Tolle

Partie 1/7

Aussi loin que je puisse me souvenir, j'ai toujours vécu avec des chats. Et de l'enfance à aujourd'hui, ils ont toujours été présents dans ma vie à me protéger, à m'écouter, à me guider, à me sourire.

Enfant, il y eut d'abord Sami, notre siamois, qui chassait les serpents qui nichaient parfois près du bac à sable, où nous jouions avec ma sœur quand nous vivions à la campagne, alors que nous n'avions que trois et quatre ans. Puis Papouf arriva dans nos vies, Papouf, un énorme chat qui nous couvrait de ses câlins, de son amour et de la chaleur de son épaisse fourrure rousse, sans oublier Vanille et Noirette, deux chattes qui, comme eux, firent partie de la famille à part entière dans les années qui suivirent.

J'ai par la suite adopté Whisky à l'adolescence, fils de Vanille, le premier chat dont j'étais le seul maître. Whisky qui me suivait de partout, à ausculter chacun de mes gestes, et qui veillait sur mes brouillons et mes feuilles noircies, alors que je faisais mes premiers pas dans l'écriture, à travers quelques chansons, quelques poèmes, en train, sans le savoir encore, d'ébaucher ma future vie.

Jusqu'à ce que je parte faire mes études à Paris, ma vie fut toujours liée à celle des chats. Mais dans ma petite chambre d'étudiant, durant plusieurs années, impossible d'accueillir et de rendre heureux cet animal si désireux de liberté et de grands espaces.

Il n'y eut, durant cette période, plus de témoin quotidien de ma vie, plus personne pour écouter quand la solitude et les difficultés se multipliaient. C'est alors que je me suis rendu compte de tout l'espace que les chats avaient occupé chaque jour, durant toutes ces années. Toujours là pour rire, pour s'amuser, toujours là pour soutenir dans les moments difficiles, toujours là pour aimer.

Quand parfois dans l'hiver de nos existences, il fait froid, le chat est là, il réchauffe, il apaise, il donne, il aime, il incarne tout de la vie.

Naître avec un chat,
c'est naître libre.

DICTONS DU CHAT

De l'âge

« La vieillesse comme la jeunesse n'ont jamais d'âge. »

Faire

« Il y a trois choses à faire dans la vie : faire ce qu'on doit, faire ce dont on a besoin, faire ce que l'on aime. »

Croire

« Ne croire en rien, c'est se donner l'illusion de rester maître de son destin, par peur de l'inconnu. »

Danger

« Il n'est qu'un seul vrai danger, l'incompétence au bonheur et à la vie. »

DIMANCHE 15

LE CHAT NE JUGE PAS

« Les animaux sont d'agréables compagnons.
Ils ne posent jamais de questions,
ne font aucune critique. »
GEORGES ELIOT

Quelles que soient nos décisions, nos évolutions, nos erreurs, le chat ne nous juge pas, il nous accompagne. Il nous suit du coin du regard, et quand il sent que nous prenons la mauvaise direction, il tente à sa manière, dans son attitude, de nous mettre en garde. Mais le plus souvent, nous ne parvenons pas à nous en rendre compte.

Oui, si étrange que cela puisse paraître, à l'inverse de nous qui jugeons beaucoup – qu'il s'agisse de l'actualité, de l'attitude de nos collaborateurs, de celle de nos amis, ou encore des opinions de nos conjoints ou de nos proches – le chat ne semble pas juger ses semblables, ni les pires bêtises que nous pouvons lui formuler ou lui mettre sous le nez.

Faut-il en tirer une leçon, une orientation à suivre vers un peu plus de sagesse dans nos existences si promptes, parfois, à condamner ? Je pense que oui. Juger se limite souvent à ne pas avoir assez écouté. Juger se limite souvent à ne nous contenter que d'une parcelle de vérité qui nous arrange, dans notre propre mode de fonctionnement.

Qui dans notre monde sait assez, quel que soit le domaine, pour se permettre de juger ? Juger, c'est aussi parfois se fermer à d'autres points de vue, à certaines inflexions de pensées, c'est se fermer à de nouvelles façons de voir la vie.

Juger, c'est parfois mettre un tour de clef à la porte des questions que l'on se pose toute sa vie. Juger, c'est ne plus douter.

S'encombrer de trop de certitudes, et asséner des vérités premières à tout propos, c'est s'empêcher de rester ouvert sur le monde, sur sa diversité, c'est s'empêcher simplement d'évoluer.

Trois questions se posent alors :

De quel droit puis-je me permettre de juger ? En fonction de quoi ? En quoi juger aura-t-il été utile, pour l'autre, comme pour moi ?

Avoir un avis et juger sont deux choses bien différentes.
Et si l'on cessait de juger avant d'avoir écouté ?

L'alphabet des petits bonheurs du chat

Quand le chat redéfinit les mots à sa manière, il est matière à réécrire un petit dictionnaire.

A|B

A comme...

Amour. *Sans lui, rien ne vaut la peine d'être vécu. Sans lui, nous ne serions pas à vos côtés, à vivre avec vous.*

Acceptation. *S'accepter tel qu'on est, est l'unique manière de découvrir qui l'on est vraiment. Accepter le monde tel qu'il est, est l'unique chemin pour s'y intégrer, et y apporter, chacun à notre portée sa petite touche personnelle.*

Ami, amitié. *Rien de plus beau que l'amitié, entre vous, entre vous et nous. Rien de plus fort, de plus sincère, de plus durable. Mais pour être un ami, pour avoir un ami, il faut déjà pour soi être son meilleur ami.*

B comme…

Beauté. *Tout ce qui brille n'est pas beauté. Qu'elle soit intemporelle, universelle ou éphémère, la beauté a besoin d'un regard pour la remarquer. La beauté fait partie de ces instants rares, où se tisse un lien, comme une minuscule explosion au milieu de rien, le big bang de la vie qui renaît à jamais.*

Bienveillance. *À regarder les émissions télé, sauvagement avachi dans le canapé, je n'entends plus parler que de ce mot : bienveillance. Utilisé à toutes les sauces, jusqu'à être tordu, manipulé, dévoyé, jusqu'à comprendre dans les sous-titres que, par moments, dans la bouche des hommes, la bienveillance, c'est le nouveau mot pour dire : « Ferme ta gueule, c'est pour ton bien ! ». C'est pourtant une essence rare que ce mot, une volonté qui vise le bien et le bonheur pour autrui, que nous avons instillée dans nombre de textes sacrés.*

MARDI 17

Connaissez-vous vraiment votre chat ? Ses paradoxes ? Ses envies ?
Petit quiz en 7 questions pour y réfléchir !
Plusieurs réponses possibles.

1. Pour lui, une croquette + une croquette = ?

a – Deux croquettes !
b – Pas assez de croquettes !
c – Un bon moment à partager à deux !

2. Quand le chat dort, est-ce que les souris dansent ?

a – Oui !
b – Non ! Il n'y a plus de souris dans les environs depuis longtemps !
c – Ils ont passé un accord pour faire une trêve pendant la sieste.

3. « On ne naît pas chat, on le devient ! » Est-ce :

a – Totalement faux ! On naît chat !
b – Vrai !
c – On commence toujours par être un chaton.

4. « On ne réveille pas un chat qui dort », car :

a – Il va réclamer à manger.

b – Il travaille indirectement pour nous.
c – Il est en train de construire son avenir.

5. Qui est le patron à la maison ?
a – Il fait ce que je dis, parfois...
b – J'habite chez mon chat !
c – Il feint d'entendre et d'obéir quand ça l'arrange.

6. Quand votre chat se frotte à vous, est-ce :
a – Pour obtenir des câlins ?
b – Pour avoir du rab de thon ?
c – Pour vous signaler qu'il est temps de vous reposer ?
d – Pour vous marquer de ses hormones comme sa possession personnelle ?

7. Quand le chat est figé et qu'il regarde le lointain, pense-t-il ?
a – Toujours !
b – Il est en connexion avec un ailleurs.
c – Il fait semblant de penser pour qu'on lui foute la paix.
d – Il se dit que « la pensée est une bulle molle qui se déforme sous la pression de l'ère ! »

RÉPONSE DU QUIZ :
Oui, le chat fait tout ça, et un peu plus ! En parallèle, en même temps, suivant ses envies et l'humeur du moment !

SAGESSE DU CHAT

« À quoi sert d'attendre que
notre vie change,
Quand c'est elle qui attend
que nous changions. »

Ziggy

TÉMOIN DE VIE

Histoire de vie, histoire de chat

« Vous ne connaîtrez jamais autant votre chat que votre chat vous connaîtra. »
Michel de Montaigne

Partie 2/7

Quelques années après mes études, quand à nouveau j'ai habité une petite maison à la campagne, j'ai pu reprendre deux chats, le frère et la sœur, Ziggy et Shan, inséparables. Ils devinrent gardiens de la maison, compagnons de vie et compagnons de travail, quand j'étirais la plume de mes premiers livres jusqu'au milieu de la nuit.

À bien y repenser, en dehors de mes amis, au quotidien… Qui était là ces premières années à me regarder me débattre entre les lignes ? Qui était là pour me réconforter quand je recevais mes premiers refus de manuscrits ? Qui était là quand j'ai été licencié et que, tombé au chômage, l'argent venait à cruellement manquer ? Qui était là pour chaque jour me soutenir, quand les factures et les lettres de relance de la banque ne faisaient que s'empiler sur le réfrigérateur, qui se vidait sans plus jamais se remplir ? Qui était là quand, croyant que plus rien de pire ne pouvait arriver, ma petite amie m'a quitté ? Il n'y avait que mes chats, fidèles, toujours là. Il n'y avait que Ziggy et Shan pour, avec encore toute la tendresse du monde dans le regard, me murmurer : « Dire n'est rien, il faut faire. Et l'essentiel n'est pas de faire, mais de tenir. Nous sommes là pour toi. »

On ne peut décrire une seule chose précise qu'un chat peut nous offrir dans notre vie. C'est un tout, un partage, une harmonie. Le chat qui partage notre vie est un être aussi discret que subtile, vous ne le voyez pas toujours, et pourtant il est là, vous sentez sa présence autour de vous, en vous, à chaque minute que vous passez avec lui.

Même si vous pensez l'avoir adopté, c'est lui qui vous a choisi. C'est lui qui vous a ouvert la porte de son monde, qui du coup, projette un éclairage différent sur celui que vous aviez. Tout devient un peu moins cartésien, un peu moins carré, figé, et l'on se met au fil du temps à le mimer, à poser ce même regard qu'il a sur le monde qui s'agite. Tout devient plus souple, les angles de l'image s'arrondissent, quand, assis à côté de lui, le regard posé sur le lointain, on parvient dans le silence à ressentir le monde qui vibre.

Le chat n'est pas seulement un animal de compagnie, il devient au fil du temps un compagnon de vie, jusqu'à nous rendre compte qu'au final, sans nous en apercevoir, il aura été plus encore que tout cela, un véritable guide.

Les plus belles années de nos vies sont celles que l'on partage.

VENDREDI 20

CRETO

La vie est faite de rencontres, de gens qui passent, qui nous aident, à qui l'on donne, qui nous construisent. Un enchevêtrement infini d'échanges qui nous font grandir.

Il est des personnes qui restent présentes tout au long d'une vie, mais nombre d'entre elles ne sont que de passage dans nos existences, car nécessaires, comme des ponts d'apprentissage par moments. Et puis elles s'évanouissent, et d'autres apparaissent. Certaines croient en vous durant une période, puis vous évitent quand le vent tourne… Qui alors est présent pour croire en vous, quand les rangs de l'amitié comme de la famille se clairsèment ?

Qui reste votre meilleur allié, votre meilleur ami à part nous, chats, mais que vous ne comprenez pas toujours ? Qui croit alors en vous ?

Soyez votre meilleur allié, croyez en vous. Personne ne le fera pour vous-même. Et regardez-nous : avons-nous tout un entourage d'amis chats qui nous répètent chaque jour de croire en nous ? D'avoir confiance en nous pour réaliser nos envies et être heureux ? Non, il n'y a que nous. Nous seuls qui décidons, nous seuls qui croyons en nous, nous seuls qui vous demandons par moments de nous épauler dans nos envies quotidiennes, ou de nous réconforter. Une de nos grandes forces en tant que chats, c'est d'avoir foi en nous. Et si en tant que chat, je crois en moi, alors...

Secret de vie du chat :

CRETO
CRois En TOi !

LE CHAT EST INDOMPTABLE

« De toutes les créatures de Dieu, il n'y en a qu'une qu'on ne mène pas à la baguette : c'est le chat ! »
MARK TWAIN

Il n'y a ni maître ni esclave chez les chats. Cette égalité tant rêvée par les hommes, à nous trouver tous sur un même piédestal, est un acquis de naissance chez les chats.

Au pire, lorsqu'ils vivent à l'état sauvage, que ce soit en ville ou dans la nature, il peut arriver qu'ils se réunissent en meute, pour des questions de sécurité du territoire, de quête de nourriture et de protection des chatons. Dans ce cas, un chef de meute est désigné pour superviser ces tâches, mais jamais il ne deviendra un oppresseur qui écrasera les autres membres de la meute.

Les chats naissent libres et égaux en droits, difficile d'en dire autant pour l'espèce humaine.

Être indomptable ne signifie pas nécessairement être rebelle ou marginal. Être indomptable, c'est savoir préserver la liberté d'être, avec laquelle on est né.

Ne pourrions-nous pas nous inspirer de cette liberté, de cette égalité entre frères que le chat sait si précieusement préserver ? À notre échelle, comme à celle du monde, agir comme un chat en respectant l'autre comme son égal n'est-il pas un des principes fondamentaux qui pourrait nous amener cette paix tant recherchée ?

La capacité du chat à être indomptable lui confère en réalité la faculté de n'être jamais écrasé, comme de ne jamais écraser. De là naissent le respect de l'autre et l'égalité. Le respect, cette notion qu'aujourd'hui nous avons tellement galvaudée, jusqu'à la vider de son sens premier.

Être indomptable,
de là sont nés ces mots :
« Liberté, Égalité, Fraternité. »

DIMANCHE 22

CHAT ME DÉMANGE

Je voudrais aborder ici un chapitre qui me gratouille le coussinet, à savoir, votre incompétence galopante à savoir communiquer entre êtres humains.

À l'évidence, à vous écouter, alors que vous vous goinfrez de noix de Cajou autour d'un petit verre entre amis en fin de journée : plus personne ne sait communiquer. Vous organisez des colloques, des séminaires sur la gestion des relations intergénérationnelles, vous envoyez des mails à votre collègue installé juste au bureau d'à côté plutôt que de lui parler. Vous préférez rompre une relation par messagerie à grand renfort d'émoticônes, plutôt que d'assumer la fin d'une histoire qui, comme toutes les histoires, connaît une fin.

Chacun se cache derrière ses lunettes de soleil, même à la nuit tombée, afin qu'on ne devine ses pensées derrière ces verres fumés. Chacun se cache derrière son écran, son téléphone, plutôt que de lever le nez vers son voisin et d'échanger.

Plus je vois vos outils de communication proliférer sur la table basse, plus j'ai envie d'y renverser le bol de guacamole d'un coup de patte, quand, même rassemblés, par moments, il n'est que de longs silences entre vous. Je vous vois tous le nez plongé dans ce petit rectangle qui clignote greffé à votre main, et qui apparemment est devenu vital, à tel point que vous ne savez plus vous en séparer.

Vous imaginez-vous télépathes, comme nous ? Pas encore, peut-être demain, mais certainement pas à travers vos « portables », dont l'effet le plus néfaste est qu'ils le soient justement, portables.

Tout va vite, trop vite à ne pas en douter, dans votre monde qui ne cesse de s'accélérer. Avez-vous encore du temps pour vous ? Aurez-vous encore du temps pour nous ? Quelle place aurons-nous encore demain, nous, chats, dans votre vie devenue si virtuelle, qu'il vous arrive de perdre prise avec la réalité.

Ne vous y trompez pas, il y a le monde réel, et l'ailleurs que parfois nous vous invitons à toucher du doigt. Mais il n'est rien d'autre qu'une pâle copie d'une sous-réalité, dans ces écrans qui vous happent, qui volent votre temps, votre vie, vos idées.

À vous perdre dans une vie numérique qui vous paraît si séduisante et surtout si bien cachée, à ne pas avoir à affronter la réalité, à ne pas avoir à prendre de risque, c'est votre être, votre unité avant tout que vous éparpillez. Autant de pixels, de petits morceaux de vous, de petits morceaux de vie, qu'il devient alors si simple, avec une simple touche, d'effacer.

Alors, avant qu'un grand Manitou prenne possession de votre vie dans son intégralité à l'aide de quelques touches sur un clavier : pensez à vous, regardez-vous, parlez-vous et souriez !

Rien ne sert de se cacher, quand, peu importe la route à prendre, pour vous comme pour nous, le temps de chaque vie est compté.

ONE NIGHT, ONE CAT

« Pour certaines âmes aveugles, tous les chats sont semblables. Pour un amoureux des chats, chaque chat depuis le début des temps a été totalement et incroyablement unique. »

JENNY DE VRIES

Quand on rit, à passer une soirée avec des amis, il y a un chat.

Quand on ferme la porte après avoir raccompagné les invités, il y a un chat.

Quand on range les assiettes, une fois que tout le monde est parti, il y a un chat.

Quand on va se coucher, un peu fatigué, il y a un chat.

Quand on se glisse sous la couette en regrettant de ne pas y trouver un peu de chaleur, il n'y a rien, tout est froid, mais il y a un chat.

Quand, à cet instant, on pense à notre vie, à ceux qui sont encore là, à ceux qui sont partis, un peu tristes, il y a un chat pour venir frotter son museau humide.

Quand, au petit matin, on se lève, sans grande envie, il y a un chat qui pose sa patte sur notre nez, comme pour nous donner un nouvel élan.

Quand, après cette journée, on rentre, éreintés, fatigués, à juste vouloir oublier et dormir, il est un chat qui nous demande juste à manger, juste un sourire.

À chaque instant de notre vie, il est un chat qui ne demande qu'à ronronner, il est un chat qui ne demande qu'à nous épauler, à tout donner pour ne pas nous voir souffrir.

S'il fallait noter les instants de nos vies où les chats nous ont poussés, supportés, caressés, écoutés, jusqu'à nous adoucir, je dirais qu'à regarder la Voie lactée, je vois non pas des étoiles, mais des sourires de chats d'aujourd'hui au passé.

Pour chaque instant de vie, il est une musique, pour chaque instant de vie, il est un chat.

L'alphabet des petits bonheurs du chat

C|D

Quand le chat redéfinit les mots à sa manière, il est matière à réécrire un petit dictionnaire.

C comme...

Chaleur. *Allongé au soleil, allongé dans vos bras, la chaleur est une constante de bonheur que nous recherchons tous, pour pallier les hivers du cœur. Plus nous sommes près, moins nous sommes seuls, et plus se partage cet amour, cette chaleur.*

Curiosité. *Et dire que les hommes la définissent comme « un vilain défaut », quand il s'agit là du moteur même de tout apprentissage, de toute évolution et de tout épanouissement personnel. La curiosité est un des plus puissants leviers de bonheur.*

Charisme. *Le charisme n'est pas un talent, mais un état. Il découle directement du fait d'assumer à tout instant ce que l'on est, ce que l'on fait et où l'on va, sans se soucier de ce que l'on peut penser de nous. Le charisme* *n'est pas un rôle à tenir, mais une nature profonde qui transpire dans chacun de nos actes, et qui irradie tout l'espace.*

Calme. *Il est si peu de raisons de perdre son calme. Si peu de sujets autorisent ou nécessitent réellement de sortir de ses gonds. Si peu de situations, à condition de prendre un peu de recul, ne peuvent être solutionnées dans le calme et la raison. Le calme se cultive avec l'expérience. Quant à l'hystérie de chaque instant, je n'en vois l'utilité que pour postuler au premier rang du plus bel ulcère de l'année !*

Confiance. *« Aie confiance… Aie confiance… », répète le serpent de son regard hypnotique. Avant tout, ayez confiance en vous. Quant à celle à accorder, avancez à petits pas, comme nous, car si le respect se gagne, la confiance se mérite.*

Câlin. *L'art du câlin à répétition va bien au-delà du simple petit bonheur. Il confine à l'art de vivre comme un chat ! Le câlin est à la détente physique ce qu'il est à la détente psychologique : une denrée vitale pour vivre heureux et en harmonie.*

D comme...

Dormir. *Pensez-vous vraiment que si nous passons près des deux tiers de notre vie à dormir cela ne soit pas, à nous comme à vous, grandement utile ? Qu'est-ce que le sommeil pour vous ? Un simple repos ? Méditez sur cette question. Et si le sommeil était pour nous un ailleurs, une autre forme de vie, en parallèle de cette réalité où vous ne nous voyez que « dormir », suivant votre conception humaine du sommeil ?*

Dieu. *Avez-vous oublié que nous sommes des Dieux ? Au même titre que vous ? Si souvent, vous vous référez à des entités que vous avez vous-mêmes créées, car ne croyant plus au dieu qui sommeille en chacun de vous. Ne cherchez plus dans les étoiles, nous sommes là pour vous le rappeler !*

Douceur. *Douceur de vivre, douceur de chaque instant, douceur que l'on offre, douceur que l'on ressent. Il n'est pas de bonheur possible sans douceur. Et si nos griffes sont rétractiles, c'est pour laisser place la plupart du temps à nos coussinets de velours, à nos caresses sur vos joues.*

UN LIEN INDÉFECTIBLE

Histoire de vie, histoire de chat

Partie 3/7

« Quel cadeau plus grand que l'amour d'un chat. »
CHARLES DICKENS

Un guide, c'est ce que Ziggy est devenu pour moi, quand malheureusement, fauchée par une voiture dans son plus jeune âge, sa sœur Shan est partie. Nous n'étions plus que tous les deux : une vraie famille, de vrais amis. Il devait pouvoir compter sur moi, comme je devais pouvoir compter sur lui.

Quelques mois après le décès de Shan, Ziggy a lui aussi été victime d'un accident : une moto arrivant à vive allure lui a roulé dessus. Il est rentré comme il a pu à la maison, et je l'ai emmené d'urgence à la clinique vétérinaire.

Diagnostic : la moto avait écrasé tous les centres nerveux situés derrière l'épaule avant droite et, même soigné, il risquait de ne plus pouvoir se servir de sa patte. Mais comme il y avait aussi une chance pour que les terminaisons nerveuses se reforment, je décidai donc de sauver sa patte, dans l'espoir qu'il puisse à nouveau s'en servir. Le risque, m'avait dit le vétérinaire, c'était que, sans plus aucune sensation, il se blesse à cet endroit et se vide de son sang, sans s'en rendre compte.

Il se remit de l'accident, mais il ne retrouva pas l'usage de sa patte, devenue insensible. Il boitait et ne pouvait pas s'appuyer dessus. Cela le handicapait terriblement. Quelques semaines plus tard, comme le craignait le vétérinaire, il se blessa à cette patte et revint sans souffrir, mais couvert de sang. Je l'emmenai d'urgence à la clinique, mais cette fois-ci, il ne pourrait échapper à l'amputation.

À son réveil, le vétérinaire fut éberlué, car en me voyant, Ziggy, avec son pansement tout juste posé, m'a sauté dans les bras en m'enlaçant le cou comme un enfant. La bonne nouvelle : il allait bien, une patte en moins ! La moins bonne nouvelle survint avec l'arrivée de la facture suite à ces deux interventions et aux soins... J'étais au chômage et sans revenu à cette époque-là. J'ai dû emprunter de l'argent et étaler en cinq fois le paiement.

Voilà où je voulais en venir, car ce détail financier a toute son importance. De retour à la maison, le soir même, j'ai eu une très longue discussion avec Ziggy, posté devant moi, me regardant fixement et tendrement, pour lui expliquer dans quelle situation nous nous trouvions à présent. C'était simple, je venais de m'endetter pour lui sauver la vie, et s'il faisait encore des bêtises le temps qu'il cicatrise, je n'aurais simplement plus les moyens de payer pour ses soins. Je voulais qu'il comprenne que désormais, nous n'avions pas d'autre choix que celui qu'il se remette et qu'il reste en bonne santé pour très longtemps.

Depuis ce jour, il n'a plus jamais été malade et n'a pas eu d'autre accident. Et tout cela, sans pour autant que je le brime en lui ôtant sa liberté si chérie d'aller et venir. Nous avons passé un accord ce soir-là, un accord de vie pour toutes les années qu'il nous restait à partager ensemble.

Les liens que l'on tisse dans l'amour ne se brisent jamais.

JEUDI 26

RENA

Pour nous les chats, ce quatrième secret de vie n'en est en réalité pas un. Il s'agit plutôt d'une évidence. Mais à vous observer si souvent endosser des rôles et jouer de faux-semblants dans votre quotidien, j'ai réalisé à quel point ces masques vous rendaient malheureux. Un camouflage bien inutile pour nous, et finalement tout aussi inutile pour vous. À quoi cela nous servirait-il de mentir sur ce que l'on est, sur ce que l'on a ? Pour épater qui ? Pour gagner quoi ?

Juste pour sourire, imaginez un peu : si nous nous faisions passer pour des lions et que l'on nous demandait par la suite de chasser l'antilope pour nous nourrir, si l'on s'inventait des histoires de tigres pour ensuite devoir cohabiter dans un zoo avec Shere Khan[2]*. N'aurions-nous pas tout à perdre ?*

Mentir aux autres comme à soi-même sur la personne que l'on est se révèle inutile, et épuisant. Toujours faire bonne figure, toujours tenir le rôle qui collera avec nos

2. Tigre fictif, personnage du roman *Le Livre de la jungle*, de Rudyard Kipling.

mensonges, petits et grands, toujours avoir l'air sans en avoir la chanson, toujours avoir le style... de celui que l'on n'est pas... Une mascarade de vie qui devient alors contre-productive pour les rêves, les envies et la personne que vous êtes vraiment.

Être, être vraiment la personne que vous êtes au plus profond de vous, dans le plus simple de vos gestes, dans la plus anodine de vos attitudes, vous ouvre les portes de vos plus grands espoirs comme de vos plus grands bonheurs. En phase avec vous-même comme avec votre vie, restez naturel dans tout ce que vous faites, dans tout ce que vous dites, et votre être et votre âme ne cesseront de grandir. Ce qui, dans le regard des autres, comme dans votre propre miroir, fera toute la différence.

Secret de vie du chat :

RENA
REste NAturel

VENDREDI 27

L'ÉVEIL

« Les chats sont des créatures plutôt délicates et ils sont soumis à de nombreuses affections, mais je n'ai jamais entendu parler de ceux qui souffraient d'insomnie. »
JOSEPH WOOD KRUTCH

S'il est des petits bonheurs à vivre avec un chat, le regard qu'il pose sur vous au réveil fait partie de ceux-là. Impossible de ne pas sourire devant cet élan d'amour, ce torrent de douceur qu'il déverse sur vous en une fraction de seconde. Pour vous éveiller de manière calme et apaisée.

Impossible de ne pas lui rendre ce même sourire, cette même caresse, quand il pose sa patte douce sur vos lèvres, sur vos yeux, sur votre nez. Impossible de ne pas ressentir toute la tendresse et l'amour qu'avec vous, à cet instant, il veut partager. Il faut bien reconnaître qu'il devient alors difficile de sortir du lit, de ce cocon de douceur où l'on se sent aimé et protégé. D'autant plus quand on sait qu'après s'être étiré, il va replonger la tête sur l'oreiller...

L'éveil en compagnie du chat est un instant d'une rare intimité, d'une tendre complicité. Ce premier regard posé sur nous est avant tout notre premier sourire de la journée. À cet instant, le chat nous dit : « La vie est belle ! », à n'en pas douter.

**Dormir avec un chat,
c'est s'éveiller avec un sourire
gravé sur le visage
pour le reste de la journée.**

CLIN D'ŒIL DU CHAT

« Mords dans la vie tant que tu n'as pas les dents qui se déchaussent ! »

Ziggy

DIMANCHE 29

LES LOIS DU CHAT SUR LA VIE

Quand je cherche ma place en ce monde,
le chat me répond :
« *Il faut être là où la vie se déroule.* Life is outside. »

Quand je me demande comment résoudre
un problème, le chat me répond :
« *La solution la plus simple est toujours la meilleure.* »

Quand je suis sûr d'avoir la bonne réponse,
le chat me répond :
« *Tout est plus complexe qu'il n'y paraît.* »

L'alphabet des petits bonheurs du chat

E|F

Quand le chat redéfinit les mots à sa manière, il est matière à réécrire un petit dictionnaire.

E comme...

Envie. *Avoir envie comme ne pas avoir envie, c'est avant tout savoir s'écouter. Personne ne peut dicter mes envies, comme personne ne peut les contrarier. Mes envies sont à mon bonheur une condition que je me dois d'assouvir.*

Empathie. *Il est des mots comme celui-ci, qui prennent parfois l'allure d'un effet de mode, à bien écouter les conversations et les débats de mes contemporains. Une notion avec laquelle jongler, quand pourtant ses racines sont ancrées dans les plus belles relations d'échange et de compréhension que nous pouvons entretenir. Je fais le vœu que les hommes entre eux parviennent à s'écouter et à se comprendre, comme nous le faisons auprès de vous lorsque, durant des soirées entières, nous nous imprégnons de vos émotions pour être à l'écoute de vos sentiments.*

F comme...

Fidèle. *Après vous avoir fait confiance, après vous avoir choisi, qu'est-il de plus beau à partager dans une relation que cette fidélité dont nous faisons preuve envers vous et entre nous. La fidélité tisse un cordage qui s'épaissit et s'endurcit un peu plus à chaque instant. À chaque jour vient s'ajouter avec la fidélité un nouveau fil d'amour.*

Fier. *Oui, nous sommes fiers de ce que nous sommes, de ce que nous vivons. Pourquoi débuter sa vie autrement ? Pour la poursuivre dans l'ombre, à ne jamais oser ? On peut être fier sans être imbu de soi-même, sans être hautain ni mépriser. On peut être fier tout en restant modeste ! Une vraie fierté de chat pour être honnête !*

Futé. *Être futé, c'est aussi savoir s'économiser. Et question gestion de l'effort, je crois que nous tenons une place de tout premier choix dans le règne animal, Homo sapiens sapiens confondu.*

Histoire de vie, histoire de chat

Partie 4/7

ADAPTATION ET JEU DE MIROIR

« Le chat n'offre pas de services. Le chat se propose. Bien sûr, il veut des soins et un abri. Vous n'achetez pas l'amour pour rien. Comme toutes les créatures pures, les chats sont pratiques. »
William S. Burroughs

Ziggy se remit sans problème de son amputation et reprit sa vie, ses activités et ses explorations sans boiter, traîner, ni se soucier de n'avoir plus que trois pattes. Durant les semaines qui suivirent, sa capacité d'adaptation me sidéra.

C'est d'ailleurs à partir de ce moment que je commençai à l'observer différemment et à percevoir dans les incroyables facultés du chat quelques secrets de vie qui pourraient nous être bien profitables.

Ce n'était alors que des notes, des notes de jeune auteur. Mais dix ans plus tard, à mon tour, j'eus un accident bête, en dansant. À mon tour, je me suis cassé le pied. Interdiction de le poser au sol durant trois mois. Cela est déjà très handicapant lorsqu'on vit dans une maison ou un appartement, mais en plus j'avais eu la curieuse idée d'emménager sur un bateau avec Ziggy. Et sur un bateau, avec un pied en moins, tout devient problématique, ne serait-ce que pour aller aux toilettes, cuisiner, faire la vaisselle ou se doucher. Sur un bateau, il n'y a que des marches de palier, d'étroites coursives impraticables avec deux béquilles, et surtout, des escaliers ! Pour ouvrir la plupart des placards, il faut s'y prendre à deux mains, car ils possèdent une sécurité d'emboîtement afin de ne pas s'ouvrir pendant la navigation. Sortir et descendre la rampe pour atteindre le quai étant parfaitement exclus, m'installer ailleurs pour trois mois avec mes affaires et mon chat étant impossible, il fallut s'organiser.

Qui alors s'est planté devant moi, alors que j'essayais de m'extraire du canapé pour me diriger vers la salle de bains, sans savoir encore comment m'y rendre, ni comment m'y prendre pour me doucher ? Ziggy qui clignait des yeux en ronronnant comme pour me dire : « À ton tour maintenant, à ton tour de t'adapter. Trouve les solutions pour vivre comme hier, faire ce qui doit être fait, et reprendre le cours de ta vie. »

Comme lui, il a fallu que je réinvente tout dans mon quotidien. Il a fallu que je trouve des astuces pour monter les marches sur les genoux, ou les descendre assis sur le côté. Comme lui qui, au lieu de se tracter pour courir comme un félin, s'était mis à se propulser comme un lapin.

Comme lui, il a fallu que j'apprenne à me nourrir, à cuisiner autrement, à tout mettre à portée de main. Comme lui, il a fallu que j'adapte chaque détail de mon quotidien, qui me paraissait si évident, si facile hier. Il a également fallu que je m'installe un nouveau bureau, en position allongée, car en plus du pied, c'est aussi le coccyx que je m'étais cassé par la même occasion, et je ne pouvais pas tenir la position assise.

À travers la révélation de toutes ces petites difficultés du quotidien, c'est aussi cette faculté du chat à prendre le temps de vivre que j'ai pu toucher du doigt, jusqu'à la savourer, comme un nouvel art de vivre.

Savoir s'adapter, c'est à tout instant savoir réinventer sa vie.

ET SI LE CHAT AVAIT LA RÉPONSE ?

Mercredi 32 ? Mercredi 32 sérieusement ?

Les jours n'existent pas pour le chat, pas plus que les mois, les années, la semaine de sept jours, le week-end et le repos dominical. Alors oui, chères lectrices, chers lecteurs, nous en sommes au jour 32 de ce journal pour ce qui me concerne. Je ne dénombre que les jours, les nuits et la course de la lune qui croît, décroît et s'éclipse. Il n'existe pas d'heure, pas de minute et, par extension, pas d'âge non plus pour nous autres les chats. Un âge dont vous nous affublez pour coller à vos codes et entrer dans vos cases.

Mais qu'est-ce que l'âge à vos yeux en réalité ? Par moments, je n'y vois qu'un simple compte à rebours avant une fin que vous savez inéluctable. Du moins ce que vous croyez être une fin, quand il ne s'agit peut-être que d'une simple mécanique qui s'arrête. Une mécanique dont depuis des siècles vous ne cessez de changer et de remplacer les pièces, pour repousser au plus loin l'échéance de ce compte à rebours qui crée l'angoisse de tout homme, toute sa vie.

Les hommes passent le plus clair de leur vie à anticiper ce qu'ils appellent leur mort, à remplir le temps avant que... Avez-vous le sentiment que nous ayons peur de la mort ? Avez-vous le sentiment que cette notion, cette pensée, interfère d'une quelconque façon sur notre manière de vivre ? Que cela nous empêche de passer – ce qui effare souvent les hommes – près des deux tiers de notre existence à dormir quand, pour la plupart, dormir est devenu une perte de temps ?

J'entends déjà de mon oreille fine les esprits les plus obtus taxer ces propos de mysticisme. Si j'ai entendu dire parfois que Stéphane péchait par anthropomorphisme, en parlant des chats, je veux bien, pour cette parenthèse sur le temps et la mort, enfiler le costume du mystique à la barbe grise !

Pourquoi n'avons-nous pas peur de la mort ? Ce qui nous différencie grandement des hommes. Pourquoi n'est-elle pas source de peurs, au cœur de notre vie ?

Pour répondre à cette question, si l'on s'en remet à vos considérations humaines : soit nous n'avons pas peur de la mort, car nous n'avons pas conscience du temps qui s'écoule, de l'âge, et donc du temps qu'il nous reste avant l'heure dite ; soit nous n'avons pas conscience qu'il existe une fin inhérente à cette existence physique ; soit nous ne sommes que des bêtes, et donc trop « bêtes » à vos yeux, pour comprendre et envisager cette fin programmée.

Je trouve cela quelque peu limité très chers amis. Ne vous êtes-vous jamais dit que, justement, si nous vivions sur Terre dans ce calme et cette paix, sans avoir à tout instant peur de la mort, c'était peut-être parce que nous savions ?

Y a-t-il quelque chose après ? Si oui, qu'est-ce que c'est ? Si non, à quoi bon ? L'homme, depuis qu'il est sur Terre, à travers toutes ses religions, toutes ses sciences, tous ses progrès, recherche la simple réponse à cette question.

Pourrait-on envisager en ce jour 32 qu'en effet le temps ne compte pas pour nous ? Car la mort ne compte pas, car nous savons ce qu'il y a après, et que nous vivons, en paix avec ce savoir, lors de notre passage sur Terre auprès des hommes. Ces derniers cherchant encore, mais pour lesquels cette boîte de Pandore ne doit pas encore être ouverte.

Si nous, chats, sommes capables de vivre en paix, en harmonie, en ce monde comme en parallèle d'un ailleurs, sans crainte de cet après pour le connaître, et sans attrait pour avoir envie de le rejoindre, vous, hommes, seriez-vous capables d'autant de sagesse, si un jour vous connaissiez la réponse ? Cette réponse qui vous amènerait à accepter votre vie comme une simple étape terrestre, cette réponse qui pourrait solutionner tous vos troubles, tous vos problèmes en ce bas monde. Mais cette réponse pourrait aussi prendre une tournure dangereuse si vous cédiez aux appels de la facilité, en ne voulant assumer et participer à l'étape terrestre jusqu'à son terme. L'homme est-il prêt ? S'est-il suffisamment développé pour accepter avec le sourire cette étape de forme de vie ? Un passage nécessaire qui répond à des enjeux de Vie autres, qui nous dépassent tous.

Quel homme serait prêt aujourd'hui à accepter sa vie d'homme, comme nous acceptons notre condition de chat auprès de vous de par le monde si, comme nous, il connaissait la réponse ?

LE CHAT N'ŒUVRE QU'À CE QUI LUI EST UTILE

« Les chats savent comment obtenir
de la nourriture sans travail, un abri sans incarcération
et l'amour sans pénalités. »
W. L. George

Manger, être au chaud, se mettre à l'abri, être en sécurité, s'amuser et bien dormir, voilà ce que fait le chat dans son quotidien en priorité.

C'est également ce que l'homme a fait pendant des siècles : ne répondre qu'à ses besoins primaires et ses envies. Puis le progrès a avancé à grands pas, dans un souci de productivité il y eut la taylorisation du travail, jusqu'à ce que l'homme ne devienne progressivement plus qu'un rouage dans la machine locale, nationale puis un instrument monotâche dans un système mondial et globalisé. Le débat n'est pas ici de juger du bien-fondé ou non de cette direction prise par l'homme, mais de prendre conscience qu'au profit de cette évolution, nous avons perdu au fil du temps tous les savoirs nécessaires à notre propre survie, contrairement au chat.

Qui sait encore aujourd'hui se mettre seul à l'abri ou se nourrir sans l'intervention de multiples autres individus de la société aux compétences monotâches ? Qui sait même encore allumer un feu à l'aide d'une allumette et de bois humide pour se réchauffer ? Nos ancêtres des cavernes maîtrisaient ce besoin primaire.

Au profit de quoi, contrairement au chat, nous sommes-nous fondus dans cette société globale où tous n'ont pas leur place et où, de notre assiette à nos loisirs, nous sommes devenus entièrement dépendants à ce que notre savoir et l'importance de notre activité monotâche dans ce système veulent bien nous offrir ?

Nous passons aujourd'hui le plus clair de notre temps à travailler, à nous agiter, dans le seul but de surconsommer pour répondre aux diktats de notre société. Les mouvements de déconsommation et de décroissance qui émergent commencent à faire sens face à une telle accumulation de futilités. À observer le chat, on ne peut que saluer sa capacité à ne jamais s'être créé plus de travail et de contraintes que ne l'exigeaient les besoins primaires de sa vie, de son quotidien et de ses plaisirs.

Si le partage et l'optimisation des tâches ont permis de grandes avancées, le travail à la chaîne comme l'expertise extrême n'ont parallèlement amené que la multiplication des heures à y consacrer, au détriment de toute autre forme de plaisir ou de savoir.

Finalement, à regarder mes chats en train de se prélasser au soleil en clignant des paupières, je me demande parfois : à quoi suis-je réellement utile pour moi-même, au-delà de la place que j'ai pu me frayer dans la société ? En quoi ai-je encore, même partiellement, la mainmise sur mon bonheur, sur ce qu'il m'est nécessaire ? Qui, ou quoi, dicte ma vie et mes plaisirs aujourd'hui ? En suis-je encore maître ? Pour quelles raisons dois-je travailler encore tout le week-end ? Pour moi ou pour rembourser les signes extérieurs d'une richesse, parfois aux antipodes de mes désirs les plus profonds ?

Vu sous l'angle du chat, et de ce qui lui est utile, il est beaucoup à relativiser de notre agitation comme de notre activité humaine. Sans vouloir revenir à l'âge de pierre, ne serait-il pas temps de commencer à ralentir ? Ne serait-ce que pour, par instants, en relevant la tête du guidon, pouvoir jouir de ce que nous offre la vie. Alors que nous passons parfois nos semaines à foncer avec des œillères à travers un tunnel.

Ralentir cette course effrénée à la suractivité comme à la surenchère, cesser de cumuler de l'inutile, c'est comme le chat revenir en partie à ce dont nous avons vraiment besoin. C'est participer au cœur même de notre bonheur personnel le plus profond.

Slowdown !
Savoir se recentrer sur l'essentiel, et commencer à ralentir pour récupérer le temps et la part nécessaire de ce que l'on aime faire et de ce qui nous est réellement utile.

VENDREDI 34

AMTO

Les hommes font parfois de drôles de choix. Par défaut, souvent dès l'adolescence, ils commencent par se détester, aussi bien physiquement que psychologiquement. Cet état d'esprit peut se cristalliser durant des années avant, peu à peu, d'apprendre à s'aimer.

« Aide-toi et le ciel t'aidera », racontent vos écrits. Ils auraient bien fait de rajouter : « Aime-toi et le monde t'aimera. » Pour le coup, ça vous aurait bien aidés.

Quand je vois le nombre de matières que l'homme a su inventer pour apprendre à s'aimer, j'ai le vertige. Ici psychologie, ici relaxation, ici recherche de soi, ici sophrologie, ici développement personnel, ici coaching de l'esprit, ici acceptation de soi. Et là encore, je vois poindre dans un magazine (oui, nous savons lire, et dans toutes les langues s'il vous plaît !), l'ouverture à plein des chakras pour vibrer à l'unisson avec son nombril. Là encore, des Mayas vous enseignent à vous mettre en phase avec les planètes pour une pleine acceptation de soi... Tout y passe, et chacun cherche sa bouée de sauvetage, son totem, dans cette chasse au grand « je t'aime », que vous êtes si souvent incapables de vous dire devant votre miroir.

Plutôt que de chercher ailleurs la foi, la puissance, le pouvoir de vous aimer, pourquoi ne pas simplement dès le départ déjouer ce processus dévastateur, qui consiste à commencer par se détester pour ensuite apprendre à s'aimer ?

Quelle raison aurions-nous, nous chats, de ne pas nous aimer par défaut dès le départ ? De culpabiliser sur ce que nous ne sommes pas, d'envier et de gémir sur ce que nous aimerions être ?

Ne serait-ce pas plus simple de commencer dès le plus jeune âge à vous aimer, à vous accepter tels que vous êtes, chers humains ?

Il n'est jamais trop tard pour s'y mettre, même si à partir d'un certain âge, il faut d'abord désamorcer cette spirale de désamour que vous vous êtes imposée. Vous avez le pouvoir dès aujourd'hui de sortir de cette spirale, il suffit de dire stop et de vous demander : objectivement, en dehors du regard des autres, moi, face à moi, quelle raison ai-je de ne pas m'aimer ?

Secret de vie du chat :

AMTO
AiMe-TOi

VOTRE PROPENSION AU BONHEUR FÉLIN

« Nous ne pouvons pas comprendre parfaitement l'esprit du chat sans nous-même devenir chat. »
ST. GEORGE MIVART

Quelques questions à se poser régulièrement

1. Si vous n'aviez qu'une part de bonheur à prendre dans la vie, serait-ce : la part du rêve ou la part du lion ?

2. Si l'homme n'avait pas inventé le réveil, pensez-vous que le chat aurait perdu son temps à élaborer une telle bêtise ?

3. Est-il raisonnable de se demander : faut-il travailler pour vivre, ou vivre pour travailler ?

4. Si vous aviez l'Amour à portée de main, seriez-vous capable de le saisir, au prix de certains sacrifices ?

5. Si l'on pouvait mettre Paris en bouteille, qu'en feriez-vous ?

Réponses du chat :

1. *La part du lion est réelle et peut se vivre.*

2. *Le réveil est, devant le Smartphone, le plus bel instrument de torture de l'homme moderne.*

3. *À l'échelle de l'histoire humaine, le travail n'est devenu une valeur que depuis seulement quelques décennies, ne l'oubliez jamais.*

4. *Il n'est pas de sacrifice quand on connaît la rareté et le prix de l'Amour retrouvé.*

5. *Je déposerais la bouteille sur le rebord d'une fenêtre, sous la véranda de ma terrasse, face à la mer.*

DIMANCHE 36

MÉDITATION DU CHAT

« Faites confiance
à votre cœur, il n'est jamais
dans l'erreur. »

Ziggy

DE DIFFICULTÉS EN OPPORTUNITÉS

Histoire de vie, histoire de chat

Partie 5/7

« J'aimerais pouvoir écrire de façon aussi mystérieuse que le chat. »
EDGAR ALLAN POE

Prendre le temps de vivre, prendre le temps de faire chaque chose, se baigner dans l'instant présent pleinement, ressentir chaque minute de la vie qui s'écoule sans jamais s'arrêter et en prendre conscience pour les utiliser sereinement, sans en perdre aucune.

Mes trois mois de plâtre, sous le regard bienveillant de Ziggy, qui me suivait dans chaque pièce comme pour me surveiller afin que j'évite de tomber, furent pour moi la période la plus prolifique en nombre de pages, en nombre de livres, de ces dix dernières années. Je m'étais adapté. Mais cette adaptation allait bien au-delà des difficultés surmontées à prendre une douche ou à m'habiller. Je m'étais aussi adapté à écrire différemment, à être plus efficace, plus direct, à aller à l'essentiel, car malgré tout je souffrais. Je voulais aussi m'adresser différemment aux gens, changer de ton, et surtout j'aspirais à devenir vraiment utile, à ceux qui, demain peut-être, allaient me lire.

Durant toutes ces semaines, Ziggy se couchait sur mes piles de dossiers et de feuilles entassés au pied du canapé. Je me mis alors à suivre ses siestes sur chaque pile, à ouvrir les manuscrits oubliés, inachevés, sur lesquels il se couchait. Que de découvertes n'ai-je pas faites alors, que d'idées avais-je mises de côté… Je voyais les choses sous un angle nouveau, et je me suis mis à écrire, comme le chat devant un trou de souris, avec ténacité, sans jamais me laisser déconcentrer par quoi que ce soit, sans jamais lâcher des yeux l'objectif, avant de l'avoir atteint.

"When you think
you've tried every road
Every avenue
Take one more look
At what you found old
And in it you'll find something
new."[3]

3. *Depeche Mode – One Caress :*
« Quand tu crois que tu as essayé chaque rue,
Chaque avenue,
Regarde encore une fois,
Ce que tu trouvais vieux,
Et tu y trouveras quelque chose de nouveau. »

MARDI 38

ET MOI, ET MOI, ET MOI !

Il arrive régulièrement que des amis de Stéphane passent prendre un verre à la maison. Des têtes connues pour la plupart, des habitués au comptoir de ceux qui refont le monde. Chacun y va de sa petite caresse sur ma tête au passage. De ceux que j'affectionne particulièrement, je tolère les guiliguilis sur mon ventre. Mais si je surveille la porte d'entrée depuis l'accoudoir du canapé, c'est pour savoir si, en fin de journée, l'une d'entre eux va débarquer. Non pas pour venir me frotter à elle, mais pour dégager le plancher !

Si j'avais étudié les lettres, j'aurais pu l'appeler « Folcoche » ou « Domina ». Mais je me contente quand elle déboule à grand fracas de talons, de l'appeler « l'hystérique » ou « l'autre », et de courir me planquer dans l'armoire.

Je ne peux pas ! Je ne peux pas ! C'est plus fort que moi ! À chaque fois qu'elle passe le pas de porte, elle beugle tel un bœuf qu'on émascule de sa voix perchée dans les cintres. Et quand elle me voit, on augmente le volume ! Elle ne peut pas s'empêcher de m'attraper comme un paquet de linge sale et de me remuer en tous sens ! Oh ! Ça va bien ! On n'a pas gardé les mulots ensemble !

La première fois, j'ai laissé faire, par pure politesse vis-à-vis de mon maître, mais honnêtement, elle a évité de près le coup de griffes dans la paupière !

Du coup, je suis resté pour assister à ce débriefing de fin de semaine, autant par curiosité des sujets abordés que pour les morceaux d'Apéricubes que me tendait « Tonton poulet ». Mais surtout je cherchais à me faire un avis définitif sur cette tornade chevelue, qui s'était permis avec moi autant de familiarité.

Le spectacle fut à la hauteur de mes espérances ! La chanson de Jacques Dutronc « Et moi, et moi, et moi ! » tournait en boucle dans ma tête ! « L'autre » n'a cessé de gesticuler, de critiquer, de couper la parole, de tout ramener à elle, de condamner, d'aspirer l'énergie des autres. Minute après minute, elle aspirait tout l'oxygène de la pièce. D'après un magazine qui traînait sur la table basse, il paraît qu'on appelle cela un « vampire psychologique »…

Elle n'en finissait pas de gémir, de se plaindre, d'aspirer dans ce trou noir (son nombril), tout ce qui l'entourait. Je me suis mis à bâiller, car je m'ennuyais ferme à l'écouter pérorer, mais j'étais d'autant plus étonné de voir les six autres personnes se laisser grignoter ainsi leur espace de vie, de pensée, jusqu'à ne plus pouvoir dire un mot. C'était tout juste s'ils parvenaient encore à respirer ! Elle ne faisait que prendre et ne donnait rien. À ses yeux, les autres n'étaient qu'un dévidoir et une source d'énergie dans laquelle « elle » pouvait puiser à l'infini.

Quand elle fut partie, les trois derniers de l'assistance encore présents semblaient groggys, sans vraiment comprendre ce qui, une fois de plus, leur était arrivé. Sans trop savoir non plus à cet instant, épuisés, quoi se dire. Elle avait tout pris.

C'est pour cette raison que depuis ce jour je l'évite. Car ce n'était pas pour me faire un câlin qu'elle voulait me prendre dans ses bras, mais pour aspirer égoïstement mon amour et mon énergie, sans rien donner en retour.

Je donne mon amour sans compter à ceux qui donnent à leur tour, je soulage et protège sans me ménager ceux qui prennent soin de moi à leur tour. Mais il n'est rien à offrir à cet « autre » qui vous aspire dans le trou noir de sa vie, jusqu'à ce qu'il vous ait essoré. Une fois sec d'amour et d'énergie, il passera à un autre.

J'ai mis en garde Stéphane à maintes reprises à propos d'« elle ». À présent, il surveille mon attitude à chaque nouvelle personne qui entre chez nous. Je suis devenu pour lui une sorte de baromètre de l'indicible. C'est fou comme depuis, les gens sympas se multiplient sur la terrasse et que les manipulateurs et égocentriques de cet acabit ne pointent plus leur museau à l'heure de l'apéritif !

« Ne faites entrer dans votre univers que les personnes qui donnent, jamais celles qui ne font que prendre. Et soyez de ceux qui donnent, pas de ceux qui prennent. »

DES HOMMES ET DES CHATS

« Tant que vous n'avez pas aimé un animal, une partie de votre âme sera toujours sans éclat, endormie. »
Anatole France

« Tous les animaux, sauf l'homme, savent que l'activité principale de la vie est d'en profiter. »
Samuel Butler

« Si avoir une âme c'est être capable de sentir l'amour, la fidélité et la gratitude, alors les animaux sont mieux lotis que certains êtres humains. »
James Herriot

REGRA

Dans notre relation aux autres, il arrive que nous nous retrouvions en situation de faiblesse, d'échec, parfois en faute également. L'erreur est humaine comme vous le dites si souvent, mais les chats aussi font des erreurs.

Et pour sortir de ces situations, pour ne pas perdre la face, il arrive que la sortie par la petite porte, l'esquive ou le report de faute sur les autres soient des solutions bien séduisantes pour ne pas avoir à assumer sa part de responsabilité.

Et pourtant, la voie la plus simple dans ces situations est de rester digne et fier, de ne jamais s'abaisser soi-même, comme de ne jamais rabaisser les autres, d'assumer pleinement, simplement. Qu'est-ce que cela signifie en tant qu'homme ? En tant que chat ? Cela signifie en toute circonstance de…

Secret de vie du chat :

REGRA
REste GRAnd !

LE CHAT EST CONTEMPLATIF

« De tous les animaux, seul le chat atteint une vie contemplative. »
Andrew Lang

Par nature, par essence, le chat mène une vie contemplative. En posant simplement son regard sur son environnement, il se fond dans le monde et les éléments qui l'entourent, jusqu'à les intégrer de manière pleine et entière. Sommes-nous capables de faire de même ? Oui, par moments, mais rarement !

Est-il nécessaire de copier le chat en la matière ? À l'évidence, à observer le rythme infernal de nos existences – de signes de fatigue en burn out –, parvenir à retrouver parfois cette posture contemplative du chat, vis-à-vis de notre univers et du monde plus vaste qui l'entoure, ne peut nous être que bénéfique. Parvenir encore à nous baigner dans le bain de jouvence de la vie qui rayonne de toute part, dans le plus petit détail de notre environnement, c'est nous reconnecter à ce monde, ne plus être hors sol, branchés à un univers tout aussi artificiel que numérique.

Prendre le temps de nous asseoir et d'observer simplement la vie qui s'agite doucement, c'est parvenir à réintégrer de tout son corps et de tout son esprit le véritable monde qui nous tient en vie, cette Terre qui nous allaite en permanence. C'est aussi parvenir à retisser un lien spirituel avec les autres hommes, par la pensée, le souvenir, le désir de retrouver un lien bien plus tangible et profond que celui des réseaux en ligne.

Contempler la beauté du monde, c'est entendre le calme, c'est se reconnecter à la Terre comme aux hommes, et contempler au milieu de cela la beauté de soi.

L'alphabet des petits bonheurs du chat

Quand le chat redéfinit les mots à sa manière, il est matière à réécrire un petit dictionnaire.

G|H

G comme...

Griffe. *Armes de chasse, armes de défense, outils d'escalade, nos griffes font également office de signature pour délimiter notre territoire, comme pour éloigner les plus impolis tentés de nous secouer comme de grosses peluches. Les grandes marques se cherchent souvent une griffe, quand nous, chats, sommes notre propre signature.*

Gastronome. *Par moments, les hommes mangent des choses dont même un chien ne voudrait pas. Il y a une nette différence entre notre gourmandise et nous prendre pour des poubelles de table ! Nous sommes gourmets avant tout, ne l'oubliez pas.*

Gaieté. *Souvent à l'inverse de l'homme, la gaieté est pour nous un état naturel, juste assombri parfois de quelques nuages. En cela peut-être sommes-nous complémentaires, quand la vie humaine cultive si souvent la morosité de son existence avec, par moments seulement, quelques coins de ciel bleu et quelques rayons de soleil.*

H comme...

Harmonie. *Harmonie des sens, harmonie musicale... Ne vous étonnez pas si parfois nous prenons la tangente pour nous réfugier dans l'armoire de la chambre, quand on vous entend beugler par-dessus des chansons plaisantes, alors que vous faites le ménage !*

Honnête. *Car nous ne disons jamais « je t'aime » si nous ne le pensons pas. Car nous ne faisons jamais de calcul, ni n'offrons notre tendresse si nous ne vous aimons pas.*

Humilité. *Existe-il chez les chats une quelconque compétition, ou un quelconque palmarès d'exploits ? Vous nous faites si souvent entrer dans votre* Guinness des records, *mais nous, jamais nous n'avons envisagé de vous comparer entre vous. Se mesurer l'un à l'autre, face à face : un travers bien humain, pour parfois un manque d'humilité certain.*

Histoire de vie, histoire de chat

Partie 6/7

INTER-CONNEXION

« Quand demain commence sans moi, ne pense pas que nous sommes loin l'un de l'autre à chaque fois que tu penseras à moi. Je suis juste ici dans ton cœur. Aucune quantité de temps ne peut effacer la mémoire d'un bon chat et aucune quantité de ruban adhésif ne peut éliminer complètement sa fourrure du divan. »
LEO DWORKEN

Durant toutes ces années et ces trois mois allongés, Ziggy a été l'âme des différents lieux de vie que nous avons partagés, il a imprégné chaque pièce, chaque endroit de sa présence.

Nous communiquions, sans parfois avoir besoin de nous parler. Par moments, il me guidait par ses attitudes et, dans son calme impérial, me forçait à me poser et à voir plus loin. J'ai toujours été fasciné par son sens du détachement, du lâcher-prise. Il était le sage, qu'aujourd'hui encore j'aimerais devenir.

La présence des chats dans nos vies ouvre une porte sur quelque chose d'impalpable, d'indéfinissable, si tant est qu'on y soit ouvert et sensible, si tant est qu'on soit curieux...

Il est compliqué de définir avec des mots cette sensation, mais lorsque vous êtes en compagnie d'un chat avec qui vous partagez pleinement votre vie, alors que le soleil se couche, que vous le fixez assis à côté de vous, et qu'il se tourne pour vous jeter un coup d'œil complice, c'est comme s'il vous donnait accès à un monde plus vaste, plus calme, plus grand, avec une autre hauteur de vue et un supplément d'âme. Vous vous sentez alors apaisé et plus fort. Les petits soucis du quotidien vous semblent lointains, et c'est comme s'il redessinait pour vous l'ordre des priorités et les grands tournants passés et à venir de votre vie. Car à cet instant-là, ce sont les seules pensées qui vous viennent à l'esprit.

Ziggy m'inspirait tant qu'il pouvait devenir transparent dans mon univers, car il était, et s'y trouvait imbriqué. Il était l'ambiance de ces murs, la lumière et la vibration de chaque pièce, qu'il ait été ou non présent à l'instant au même endroit que moi. Nous étions, d'une certaine manière, interconnectés, sans que je puisse l'expliquer clairement. Je sentais, ressentais sa présence comme il sentait la mienne, même à distance.

Aujourd'hui, Ziggy s'en est allé courir ailleurs, retrouver sa sœur, là où les prés et les forêts sont infinis, là où les couchers de soleil ne sont qu'une communion silencieuse de tous les êtres vivants qui s'aiment de par le monde. Bien que je ressente encore sa présence, il me manque. Il fut, jusqu'à ces derniers mois, l'unique témoin quotidien de quinze années de ma vie.

Se souvenir, laisser partir,
et ne rien regretter.

PENSÉES DE CHAT

Une place

« En tant qu'hommes, il vous est offert trois places à choisir sur Terre : être sous la lumière, être dans l'ombre ou être la lumière. »

Ce pour quoi l'on est fait

« Si chacun trouvait sa voie, il y aurait plus de professeurs qui ont à être professeurs, que ceux qui n'ont pas à l'être ; il y aurait plus de médecins, de prêcheurs, d'ouvriers, d'artisans, de peintres qui auraient à l'être, plus que ceux qui le sont. Il y aurait plus de tout si chacun suivait ses rêves. Il y aurait surtout plus de gens heureux. »

Profitez de la vie !

« Quand vous aurez trois tonnes de terre sur le bide, il n'y aura plus grand-chose à faire ! »

À MÉDITER

« Je crois
que les chats sont des
esprits venus sur Terre.
Le chat, j'en suis convaincu,
pourrait marcher sur un
nuage. »
Jules Verne

SI VALENTINE M'ÉTAIT CONTÉE…

Par moments, à écouter les hommes gémir sur leurs relations amoureuses, je ne peux m'empêcher de penser à tout ce qu'ils ne font pas pour entretenir cet amour, ce sentiment, ce lien si rare, qu'ils passent le plus clair de leur vie à rechercher.

Je ne peux m'empêcher d'être un peu exaspéré à les voir balayer dédaigneusement d'un revers de la main, cette fête de l'amour une fois « installé » ; cette Saint Valentin qu'ils ont créée, qu'ils ont chérie au début de leur histoire, qu'ils ont pleurée quand elle s'est terminée…

Aussi artificielle et commerciale puisse-t-elle être, quelle belle invention humaine pour une fois que cette fête de l'amour. Même s'il n'est qu'une chose à regretter, c'est qu'elle ne se déroule qu'une fois dans le courant de l'année… Pour fêter l'amour de sa vie, c'est finalement peu le considérer.

Spéciale dédicace du chat, à celles et ceux qui se sentiront concernés.

Si Valentine m'était contée…

Trop facile de dire que ce n'est qu'une fête commerciale,

Et de ne pas esquisser le moindre geste vers l'être aimé.

Trop facile de dire que les sentiments n'ont pas besoin de cette journée,

Et de ne pas avoir la moindre pensée les autres 364 jours d'« amours fériées ».

Trop facile d'oublier la date à cause d'un planning soi-disant débordé,

Quand on a trouvé tout le temps nécessaire pour faire ce qu'il nous plaisait.

Trop facile de cracher dans la soupe des sentiments, quand pas un jour ils ne sont en danger.

Trop facile de ne pas dire je t'aime, parce qu'il y a vingt ans, on l'a promis juré.

Trop facile, trop facile…

Trop facile de dire : je suis fatigué,

Quand en réalité, le couple est devenu un calvaire, qui n'a d'autre intérêt que de remplir l'angoisse d'une solitude impossible à assumer.

Trop facile de dire : « On a dépassé ce stade après autant d'années… »,

Quand le stade n'est plus que de foot, et qu'il aboie ses ordres depuis le fond du canapé, à la « cuisinière » encore en train de rêver.

Trop facile de jouer les amoureux transis une fois l'année,

Quand la biche a les bois qui poussent à ne plus pouvoir faire demi-tour dans sa chambre à coucher.

Trop facile d'économiser son amour comme on compte son porte-monnaie.

Trop facile de vouloir encore espérer lui parler...

Trop facile, trop facile...

Si Valentine m'était contée.

JEUDI 47

CÔTÉ CUISINE

« Votre chat peut ne jamais avoir
à chasser plus loin que le comptoir
de la cuisine pour son souper,
ni faire face à un prédateur plus féroce
que l'aspirateur. »
BARBARA L. DIAMOND

Cuisiner en compagnie d'un chat n'est pas toujours des plus faciles suivant le plat que l'on est en train de préparer.

Et pourtant, j'adore que Néo et Wallace, mes deux nouveaux chatons, viennent s'asseoir sur le bar, alors que je suis en train de faire mes découpes, de préparer une pâte à crêpes, de mélanger des ingrédients, de battre les œufs. Ils suivent avec précision, les yeux écarquillés, le moindre de mes gestes, ne cessant d'osciller dans leur tête entre le jeu et les odeurs gourmandes qui peuvent leur plaire.

Interdit de grimper sur le plan de travail, ils le savent, alors ils m'observent, curieux et intéressés, en attendant que, peut-être, un petit lardon vienne s'échouer sur le comptoir. Ils savent que le bout de gras viendra, s'ils ne sautent pas sur le plan de travail, c'est notre accord. Je leur parle, ils me répondent par de petits miaulements d'attente et de contentement en se frottant la tête l'un contre l'autre. Et finalement, le petit bout de jambon ou d'emmental arrive sous leur nez, c'est le jeu ! Ils le dégustent, puis clignent des yeux de bonheur en me regardant, comme pour me remercier... et aussi pour avoir du rab ! Un bonheur simple, car à cet instant-là, je souris tout autant qu'eux ronronnent en me regardant.

« Grand gremand[4] !», me disait en patois ma grand-mère, alors qu'elle cuisinait et que je picorais dans ses plats. Mes grands gremands d'aujourd'hui sont, avec cette même tendresse, deux petites boules de poils !

La gastronomie fait partie des grands plaisirs de la vie à partager, pour les hommes comme pour les chats.

4. Gourmand.

VENDREDI 48

RECAL

Quoi qu'il arrive, restez calme.
Quoi qu'il se dise, restez calme.
Quoi qu'il advienne, restez calme.
Quoi que l'on vous dise, restez calme...

Jusqu'au moment où il ne faut plus rester calme, jusqu'au moment où il faut réagir.

Alors, sans même besoin d'un mot, d'un large sourire, regardez bien en face le problème, la médisance, l'échec, le jugement, la haine, l'injustice, la méchanceté gratuite, et évacuez-les de votre vie dans un battement de cils.

Car rien ne vaut la peine de donner la victoire au mal, rien ne vaut de s'infliger à soi-même des souffrances supplémentaires inutiles.

Quoi qu'il arrive, restez calme, car la vie se charge à votre place de rétablir tous les équilibres, celui de la vérité comme celui de la justice.

Secret de vie du chat :

RECAL
REste CALme

UNE SANTÉ DE FER, UNE SANTÉ DE CHAT !

ACTE 1 : LA NUTRITION

« J'ai remarqué que ce que les chats préfèrent dans l'être humain n'est pas son habilité à le nourrir, ce qu'ils trouvent normal – mais le fait qu'il soit distrayant. »
GEOFFREY HOUSEHOLD

« Diet is 'die' with a 't'. »
GARFIELD

S'il est bien un domaine dans lequel on peut observer avec étonnement le chat, c'est celui de la santé. Avez-vous remarqué sa capacité à être toujours globalement en pleine forme, tout au long de sa vie, quand nous, chétifs humains, passons de plus en plus de temps, l'âge avançant, chez nos médecins.

Comment fait-il ? Pourquoi est-il si peu malade ? Beaucoup de vétérinaires seront certainement plus experts que moi en la matière, mais en prêtant attention à notre chat, voilà quelques observations plutôt évidentes.

Le chat est à l'écoute de ses besoins

Le chat renifle toujours avec beaucoup d'attention ce qui se trouve dans sa gamelle. S'il a le moindre doute sur la fraîcheur de la nourriture, il n'y touchera pas. D'autre part, il ne mange que ce qu'il aime. Mais ce n'est pas forcément un caprice, basé sur le goût. Ne pensez-vous pas que nous pourrions aussi y voir l'œuvre de son instinct, qui le conduit à ne manger que ce qui lui convient, et uniquement ce dont son corps a besoin en matière d'apport ?

Quel que soit le type d'alimentation, vous ne pourrez le forcer à rien, et les propriétaires de chat le savent bien. Il en va de même pour sa purge, ce besoin de manger des herbes, et de se faire régurgiter régulièrement, pour se nettoyer. Vous ne pourrez jamais l'empêcher de le faire, et même si cela le conduit à grignoter les feuilles de vos plantes d'appartement et vomir sur votre tapis. Il n'est pas malade pour autant, contrairement à ce que se disent certains propriétaires inquiets. Simplement, peut-être que ces feuilles n'étaient pas tout à fait à son goût, mais qu'il a dû faire avec pour maintenir son cycle de digestion. Une nécessité pour son équilibre alimentaire et digestif.

La règle du grignotage

Enfin, question quantité, le chat sait parfaitement se réguler. Ce grignoteur pourra faire jusqu'à quinze repas par jour par petites quantités, ne répondant qu'à son besoin, sans se goinfrer.

L'obésité grandissante des chats, notamment ceux qui vivent en appartement, vient d'une part de leur castration, mais aussi en grande partie de leur manque d'exercice. Mettre le chat au régime, malgré les conseils de certains vétérinaires très partagés sur le sujet, n'endigue que rarement son obésité. En effet, à raréfier sa nourriture, il ne sait plus se réguler, et se met à tout stocker, même le peu qu'il ingurgite. Ce n'est là qu'un avis d'observateur que j'ai pu partager avec nombre de propriétaires dans ce cas, et je laisserai en ce domaine de l'obésité féline la fine fleur des vétérinaires trancher, pour refermer cette parenthèse.

À observer la manière dont se nourrit le chat, on a l'impression qu'il est à l'écoute de son corps, que ce soit au niveau de ses besoins nutritifs, comme au niveau des quantités de nourriture qui lui sont nécessaires, de son hydratation, comme de la bonne gestion de sa digestion. Finalement, sa bonne santé tient en partie à une hygiène alimentaire raisonnable et raisonnée, et pour cela, il n'a besoin de personne ni d'aucun régime pour se réguler.

Comme le dit Ann Taylor : « Les chiens mangent. Les chats dînent. » Quant à nous…

Ne serait-il pas préférable de calquer la gestion de nos besoins et la régulation des quantités sur le régime alimentaire du chat ? Plutôt que de jouer au yo-yo entre deux goinfreries ET un régime draconien.

La revanche des petits excès et des grands plaisirs ! Miam miam !

Quand le chat redéfinit les mots à sa manière, il est matière à réécrire un petit dictionnaire.

L'alphabet des petits bonheurs du chat

I|J|K

I comme...

Indomptable. *Tenter de nous dompter, c'est tenter de vider l'océan à la petite cuillère ! La patience et l'opiniâtreté n'y suffisent pas !*

Indépendant. *Notre indépendance inaliénable est à la base même de la construction de notre bonheur et de notre bien-être.*

Indulgent. *Ne pas être indulgent, ne pas pardonner, c'est aimer se faire du mal à soi-même, comme aux autres. Nous détestons faire du mal, et encore plus à nous-mêmes !*

J comme...

Joie. *Joie de vous voir, joie de découvrir, joie de jouer, joie de chasser... Tout n'est que joie dans notre vie. Est-ce pour cela que vous nous l'enviez ?*

Jeu. *Si le rire est le propre de l'homme, le jeu est le propre du chat ! On est sur Terre pour se reposer et s'amuser,* what else *?*

K comme...

Koala. *C'est mignon comme bestiole. Moi en ma qualité de chat, ça me fait penser à un chien... qui fonctionnerait au ralenti. Allez, on le prend quand même avec nous, ça ne mange pas de pain, c'est végétarien, ça ne mange que de la verdure, comme les lapins !*

CE QU'IL RESTE

Histoire de vie, histoire de chat

Partie 7/7

« Au plus profond de nous, nous sommes tous motivés par les mêmes urgences. Les chats ont le courage de vivre sans s'en préoccuper. »
JIM DAVIS

La dernière trace que Ziggy m'a laissée de ses enseignements, c'est de savoir comme lui me repositionner devant chaque problème, chaque question, chaque obstacle, et de l'observer différemment pour mieux l'appréhender.

Aujourd'hui, quand je doute, que je me retrouve face à un problème, à devoir prendre une décision, je me demande toujours : « Que ferait-il à ma place ? ». Approche frontale ? Contournement ? Prise de hauteur ? Réévaluation de l'enjeu ? Indifférence ? Affrontement ? Négociation ? Entêtement ? Esquive ? Maintien de la position ? Que ferait-il ?

Il suivrait son instinct, et n'agirait qu'en fonction de son bien-être et de ce qui sert au mieux son bonheur. Désormais, en modifiant mon angle d'approche, et en écoutant la petite voix qui me parle, je trouve comme lui la solution la plus simple, la plus rapide, la plus efficace, celle qui répond avant tout à mon bonheur, à mon bien-être, à mes envies.

À l'heure où j'écris ces lignes, je pense à lui. Il est bientôt minuit, et mes deux nouveaux compagnons de vie tout jeunes, Néo et Wallace, dorment à côté de moi, paisiblement. On ne remplace pas un chat par un autre. Tous, comme nous, sont uniques, de même que le lien que nous tissons avec eux. Je ne pensais pas reprendre de chat après lui, je ne voulais pas revivre ce départ dans les années à venir. Et pourtant, il arrive que le hasard mette sur notre route ce dont nous avons besoin. Et si je suis né avec des chats, à croiser par hasard le chemin de ces deux boules de poils, j'ai réalisé à quel point leur présence dans mon univers m'était vitale. Ne serait-ce que pour me montrer peut-être encore demain les chemins à emprunter pour l'avenir, juste par moments pour me replonger le visage dans le sourire de l'innocence, et savoir rester émerveillé devant le grand spectacle de la vie.

L'élève ne dépasse pas toujours le maître, mais peut apprendre chaque jour.

PENSÉES DE CHAT

Raison garder

« Nous ne pourrons jamais comprendre ce qui pousse les hommes à s'arrêter aux portes de la raison. »

L'unité du bonheur

« Être heureux, c'est éviter un trop grand décalage entre ce que vous êtes, ce qu'on vous demande d'être et ce qu'on a envie de voir en vous. »

Gagner

« La défaite a ceci de beau qu'elle autorise la victoire. »

Question d'odorat

« Comme l'argent, le bonheur n'a pas d'odeur. »

LE CHAT EST INSOUMIS

« Les chats n'aiment pas tout ce qui a l'air sujétion et tiennent apparemment à cette indépendance dans laquelle ils sont nés. »
PAUL SCARRON

« Le chat ne voit pas quelle raison il aurait d'obéir à un autre animal, fût-il sur deux pattes. »
HUNTER STOCKTON THOMSON

Comme tout propriétaire de chat le sait : on ne donne jamais d'ordre à un chat, jamais ! Au mieux, on négocie avec lui. Contrairement à la relation que l'on peut avoir avec un chien, que l'on peut faire obéir, il n'y a pas de dominant et de dominé. C'est une relation d'égal à égal que l'on instaure, un respect mutuel. Avec un chat, nous superposons nos zones de confort mutuelles, et à l'intersection de ces deux cercles se situe l'intimité d'une relation que l'on tisse un peu plus chaque jour.

Les chats choisissent de vivre avec nous. Hormis quand ils sont enfermés, les chats qui sont libres d'aller et venir reviennent chaque jour dans leur maison, qu'ils chérissent par envie et par choix de partager leur existence et leur bonheur avec leurs maîtres. Mais même s'il vous aime, vous ne pourrez jamais obliger un chat à faire quoi que ce soit. Comme le dit Jeff Valdez : « Les chats sont plus intelligents que les chiens. Vous ne pouvez pas avoir huit chats pour tirer un traîneau dans la neige. »

Par moments, s'il y trouve un intérêt, le chat peut aussi feindre la soumission. Attendre le bon moment... Pour l'homme aussi, feindre la soumission peut parfois s'avérer utile, que ce soit en temps de guerre, d'oppression, ou encore au travail. Ne rien laisser paraître, comme le chat, faire mine en fin stratège pour parvenir à ses fins. Le chat use de ses pattes douces tout autant pour nous offrir attention et câlins, que pour obtenir ce qu'il désire ! Que ne faut-il pas faire pour obtenir du rab de sachet fraîcheur en fin de journée !

Être insoumis, c'est aussi parfois feindre. Comme le dit Louis Pergaud : « On fit comme les chats, patte douce, on eut l'air soumis. »

JEUDI 54

SOHUM

Fiers ? Oui, nous le sommes ! Et nous aimons aussi parader discrètement ! Pour autant, pouvons-nous qualifier les chats de vaniteux, de méprisants ou d'hautains ? Je vous vois hocher la tête, mais ce ne sont pourtant que des travers bien humains !

Oui, c'est vrai, nous pouvons avoir par moments cet air quelque peu dédaigneux... mais ce n'est ni par orgueil, ni par sentiment de supériorité, c'est pour vous faire comprendre qu'il y a quelque chose qui ne nous a pas plu dans votre attitude à notre égard.

Se vanter, se raconter en enjolivant à chaque fois son histoire jusqu'à mentir, devenir non plus charismatique mais véritablement mythomane, sont des travers que vous n'aimez pas avoir à supporter entre hommes.

Autant de travers que nous n'avons ni avec vous, ni entre chats. Le charisme est suffisant pour être vu, aimé et remarqué. Inutile donc d'en faire quatre caisses, même à chat ! Alors, dans tout ce que vous dites, dans tout ce que vous faites, n'oubliez jamais ce secret de chat, vous n'en serez que plus grand !

Secret de vie du chat :

SOHUM
SOis HUMble

RELATION PARTICULIÈRE

« Qui a un meilleur ami qu'un chat ? »
William Hardwin

Avec Ziggy, j'avais une relation particulière, je faisais des *backups*[5] et des *upgrades*[6]. Des *backups* quand il se couchait sur mon ventre, des *upgrades* quand il se couchait sur ma tête. C'est ainsi que j'ai pu me développer aussi grâce à lui au fil du temps.

Le plus dur dans la vie, m'a dit Ziggy, c'est d'avoir confiance en soi. Rares sont ceux qui n'ont pas eu à mener cette quête et ce combat au cours de leur existence. De la confiance en soi découlent tous les actes, toutes les orientations, toutes les décisions que nous pouvons prendre. De la confiance en soi naît notre bonheur de vie. Mais il ne s'agit pas d'une capacité quantifiable, ni acquise pour toujours. La confiance en soi naît, s'étend, se cultive, peut s'effacer lors d'un accident de la vie, puis renaître.

5. Sauvegardes.
6. Mises à jour.

Je l'ai remercié et je le remercie encore pour cette part de confiance en moi qu'il m'a permis de développer jusqu'à aujourd'hui.

« Merci ! »

Une fois de plus, il avait raison. Il nous reste encore tant à apprendre pour mieux vivre. S'il a été le souffle, j'ai été la main, comme il me l'a dit. Apprendre à se dire merci à soi-même, c'est sourire dans le miroir, c'est rire, en rire, et laisser le bonheur nous envahir.

Apprenez à vous dire merci !

SAMEDI 56

DÉCLARATION D'AMOUR D'UN CHAT

Quand l'envie me prend, je vais courir, je vais marcher, je vais sentir.

Quand l'envie me prend, il a beau être midi, minuit, je ne fais que suivre mes envies.

Ici quelques douces odeurs, ici quelques souvenirs, et j'avance, je vagabonde au bon gré de mes désirs.

Là où le vent me pousse, il n'est pas besoin de navire, juste de mes pattes pour aller découvrir.

Chers humains, je vous aime, et j'aimerais tant vous emmener dans ma course. J'aimerais tant vous laisser plus qu'un doux souvenir.

Je ne suis pas une poupée à affubler de parures ridicules comme je vous l'ai dit. Aucun d'entre nous n'a envie de parader pour magnifier votre ego, aucun d'entre nous n'a envie d'être en haut de l'affiche.

Ne faites pas de nous des pantins au service de vos envies, ne faites pas de nous le ridicule de votre vie.

Nous vous avons déjà tant donné tout au long de vos nuits d'insomnie. Rien ne sert de faire de nous des figurines, rien ne sert de nous façonner à votre image. Oh oui, tout est difficile, y compris le nombre d'années qui passent sur lesquelles chacun sait si bien mentir à un moment donné...

Et pourtant, à la lueur d'une chandelle grise, qui s'intègre si bien dans le salon où tu t'es installé, à la chaleur de cette flamme qui s'aiguise, oui, pourtant, malgré tous tes travers, toutes tes souffrances, tout ce que tu ne sais encore dire... Oui pourtant, même à me mettre un collier de diamants, qui me gêne, pour te rassurer sur ton rang, oui pourtant, jamais depuis toi, depuis le jour où je suis né, celui où tu m'as pris dans tes mains, avant de me réchauffer dans tes bras, jamais pourtant je ne t'ai tant aimé.

LE CHAT EST UN THÉRAPEUTE

« S'il devait y avoir un son universel représentant la paix, je voterais certainement pour le ronronnement. »
BARBARA L. DIAMOND

« Le ronronnement est le sourire du chat. »
HECTOR BIANCIOTTI

Les chats peuvent-ils être d'excellents thérapeutes ? Au regard du nombre de constats, de tests et de recherches effectuées à ce jour sur le sujet, on peut dire que le chat nous aide à soulager nombre de maux… et souvent, sans que nous nous en rendions compte, il s'y emploie.

L'apaisement psychologique et le chemin vers une sorte de paix intérieure en sont certainement les formes les plus connues et les plus répandues depuis qu'il fréquente l'homme.

On parle beaucoup aujourd'hui de ronronthérapie. Après de nombreuses études, il a en effet été observé que les vibrations en basse fréquence des ronronnements présenteraient des vertus apaisantes et diminueraient stress et insomnie. Ces ronronnements auraient également pour effet d'augmenter notre sécrétion de sérotonine, l'hormone du plaisir.

Les chats nous soulagent, à l'image de ces personnes âgées qui les caressent sur leurs genoux, au coin du feu pour soulager leurs rhumatismes.

Il y a apparemment beaucoup d'applications thérapeutiques qui émergent aujourd'hui, certaines sont vraies, d'autres peut-être quelque peu exagérées, mais pour ma part, à observer les endroits où Ziggy aimait se poser sur moi, j'ai pu remarquer qu'il s'agissait toujours de parties du corps où les organes étaient fatigués par moments.

Se vautrer sur les poumons du fumeur que je suis des soirées entières le ravissait, ce qui m'empêchait de voir la télé ! Quand j'ai eu le pied cassé, idem, mais difficile de supporter longtemps son poids avec la fracture.

Les chats portent en eux une valeur thérapeutique, à n'en pas douter. De nombreuses études réalisées à partir de panels de propriétaires et de non-propriétaires de chat ont également mis en lumière, que grâce à la capacité de ce dernier à canaliser nos énergies négatives et à nous détendre, les propriétaires de chat auraient jusqu'à 30 % de chance en moins d'être touchés par un accident cardiovasculaire ! Et là, franchement, chat le fait !

La thérapie du chat ? Un véritable concerto en ronron majeur !

À MÉDITER

« Si l'on croit en la vie,
il n'est pas de raison de
pleurer. »

Ziggy

CHAT HEUREUX, HOMME HEUREUX

« Les chats sont des connaisseurs de confort. »
JAMES HERRIOT

Comment reconnaître un chat heureux ? Facile ! Un chat heureux reste avec vous, simplement !

Bien sûr, si vous n'avez d'autres choix que de le garder enfermé dans un appartement, ce sera plus difficile de jauger... Mais un chat libre d'aller et venir en toute liberté, comme je l'affectionne, s'il revient à tout instant de la journée, notamment le soir, pour vous saluer et passer un moment à vos côtés, est un chat heureux.

Le chat carbure au bien-être ! Et il fera tout pour se sentir bien et le cultiver. Un chat malheureux, s'il en a la possibilité, s'en ira et quittera son foyer. C'est pour lui aussi simple que cela. Et, même si cela peut sembler radical, nous ferions bien parfois de nous en inspirer !

Aucun chat ne reste dans un univers qui ne remplit pas ses besoins de confort et qui ne répond pas à son aspiration au bien-être, au bonheur et à la tranquillité. Il trouvera mieux ailleurs, d'instinct il le sait. Et il trouvera, n'ayez pas d'inquiétude à ce sujet ! Car il saura séduire et se « vendre » à un nouveau foyer qu'il ressentira comme bon pour lui, et où ce qu'il y apportera sera reconnu à sa juste valeur !

On ne peut aimer sans retour et ce principe, le chat l'applique en conscience, pour son plus grand bonheur !

Partir ou rester ? Comme le chat, qui choisit d'être heureux à présent ?

Quand le chat redéfinit les mots à sa manière, il est matière à réécrire un petit dictionnaire.

L'alphabet des petits bonheurs du chat

L|M|N

L comme...

Liberté. *Le cœur de notre vie. Ce besoin vital que nous sommes pourtant prêts à sacrifier pour rester au plus près de vous, sans trop vous en vouloir, dans vos petits appartements, alors que nous rêvons de grands espaces. Mais pour les vacances, pensez à nous laisser gambader quelque part quand cela vous est possible !*

M comme...

Malin. *Cf. Futé, oui le chat est feignant aussi !*

Magique. *Qui se souvient de la lampe d'Aladin ? Nous, chats, sommes comme elle, nous sommes vraiment magiques ! Caressez-nous longuement en vous* *concentrant sincèrement sur vos vœux les plus chers, et vous verrez que peut-être... Encore faut-il y croire, sincèrement...*

N comme...

Nuit. *Seul moment où l'agitation humaine s'apaise, seul moment où nous reprenons possession de ce monde dont les codes et le fonctionnement diffèrent du jour. La nuit est aussi le temps des esprits qui se promènent et tentent d'entrer parfois dans vos maisons. Soyez sereins : pendant votre sommeil, nous montons la garde.*

Nature. *En tant que chats, nous faisons corps avec la Nature, nous y avons notre place dans son équilibre, et jamais nous n'y puisons plus, même en tant que prédateurs nécessaires, que ce dont nous avons besoin. L'Homme appartient-il encore à l'équilibre de la Nature ? Pour part. Une part qui se réduit de plus en plus... Faudra-t-il que demain, nous qui vous connaissons si bien, ayons à défendre le dossier de l'Humanité devant le tribunal de Mère Nature ?*

LE CHAT EST ÉGOÏSTE ?

« Je les aime, ils sont si gentils et égoïstes. Les chiens sont trop bons et désintéressés. Ils me rendent mal à l'aise. Mais les chats sont généreusement humains. »
L. M. Montgomery

Le chat est-il égoïste ? C'est une question que l'on m'a souvent posée. Je dirais que le chat n'est pas égoïste au sens où nous l'entendons. C'est un travers bien humain, une étiquette que nous tentons de lui coller sur le poil, sans réellement chercher à comprendre son attitude. Si le chat pense d'abord à son bien-être, c'est avant tout pour pouvoir donner aux autres. « Charité bien ordonnée commence par soi-même », comme on dit… Cette démarche est intéressante : nous devons avoir à l'esprit que pour pouvoir être utile aux autres, il faut déjà savoir se donner à soi-même, redevenir notre propre priorité. Il en va de même pour l'amour, impossible d'aimer réellement l'autre, quand on ne s'aime pas d'abord soi-même.

Comme je le disais, la clef de voûte et l'objectif de vie du chat, c'est son bien-être, un bien-être au service de son bonheur. Rien d'autre ne compte. Pour y parvenir, il va cultiver et développer toutes les facettes nécessaires à sa construction. Et cela passe en premier lieu par son indépendance. Indépendance vis-à-vis de ses congénères mais aussi des hommes, indépendance qui va lui offrir sa liberté.

Il va choisir ! Son foyer, son entourage, les personnes qu'il aime ou qu'il n'aime pas. Il ne se soumettra à aucun diktat ; têtu, il n'écoutera que son bon plaisir. Pour cela, il se conduira comme un chef, il demandera et restera insoumis, à ne suivre que le fil de son bonheur, de ses envies.

Pour nous-mêmes, retrouver une part d'indépendance dans notre vie, c'est reconquérir une part de notre liberté, imposer nos choix, et renouer avec ce qui nous rend heureux. Quand parfois, nous avons tendance à subir une situation personnelle ou professionnelle qui ne nous convient pas.

Est-ce égoïste alors que de vouloir servir en priorité son bonheur pour pouvoir mieux le partager par la suite ?

Servez votre bonheur et partagez-le avec ceux que vous aimez. À vous regarder le construire pour vous, ils sauront que c'est aussi pour eux que vous le chérissez.

VENDREDI 62

AMTODETO

La vie est-elle si longue pour qu'on puisse se permettre de ne pas en saisir, ou de remettre à demain, les bons moments dès qu'ils se présentent ?

La vie est-elle tous les jours si souriante pour se permettre d'user de cynisme ou de jouer les rabat-joie en haussant le sourcil, dès qu'une personne vient vous offrir une bouffée de fraîcheur ou de rire ?

La vie est-elle si déprimante pour n'en voir en permanence que la face la plus grise, car il est plus aisé de s'en plaindre que d'en rire ?

Avez-vous remarqué que vos dictionnaires possèdent largement plus de mots négatifs, décrivant des choses noires, mélancoliques. Qu'il est des milliers d'adjectifs pour définir et décliner tout le mal que l'âme humaine peut faire ou subir, quand si peu d'hommes ont réussi à inventer un vocabulaire de beauté et de joie de vivre ?

Vous croyez-vous si immortels pour ne pas jouir de tout ce que la vie peut vous apporter de bonheur à l'instant présent ?

Il n'est jamais trop tard pour s'amuser, il n'est jamais un instant de perdu à rire. Il n'est aucune rentabilité ni vie à remplir en temps compressé pour l'avenir, à devoir y sacrifier un bon moment de fous rires entre amis.

Rien ne vaut la peine dans la vie de ne pas s'amuser, de ne pas s'en amuser.

Au regard des années qui défilent, à vous remémorer vos souvenirs, il ne reste pour beaucoup que de bons moments, des visages et des sourires. Quel souvenir aurez-vous demain, si vous n'avez pas pris aujourd'hui le temps de vous amuser, de rire, de simplement profiter de la vie ?

Secret de vie du chat :

AMTODETO
AMuse-TOi DE TOut

UNE SANTÉ DE FER, UNE SANTÉ DE CHAT !

ACTE 2 : JAMAIS MALADE !

« Les chats bâillent parce qu'ils se rendent compte qu'il n'y a rien à faire. »
JACK KEROUAC

Après les premières observations sur sa nutrition et sa capacité à se réguler, lui permettant un bon fonctionnement de son corps, comment fait-il malgré tout pour être si peu souvent malade, quelle que soit la saison.

Par rapport à nous, à l'évidence, les chats sont bien plus résistants. Combien de fois par an devons-nous emmener notre chat chez le vétérinaire, par rapport à nous qui sommes sans arrêt fourrés chez le médecin ? Nous vivons dans un univers devenu à tel point aseptisé, que nous sommes aujourd'hui aussi fragiles que des nourrissons à quarante ans. Et ne parlons pas des grippes, rhumes d'hiver, d'automne comme d'été, sans oublier les allergies du printemps et les dizaines de virus que nous prenons de plein fouet chaque année. Sans encore évoquer de plus sérieux problèmes de santé.

J'ai remarqué que chez l'homme un rhume ou une petite grippe durent environ une à deux semaines s'il va chez le médecin, alors que s'il reste au chaud et au repos chez lui, cela dure... une à deux semaines aussi ! Avant que les hommes ne se mettent à se goinfrer de cachets pour tout et n'importe quoi lorsqu'ils étaient malades ou fébriles, ils agissaient comme les chats : ils restaient au chaud, au lit, à manger et à dormir, et leurs défenses immunitaires faisaient le reste. Défenses qui, souvent entraînées à lutter contre les virus sans aide extérieure, au fil des années, se révélaient d'autant plus efficaces. Donc comme les chats, nous tombions de moins en moins souvent malades.

Qui sait encore aujourd'hui que la fièvre chez l'homme n'est pas qu'un symptôme, mais aussi un mécanisme de défense du corps ? Qu'une simple élévation de la température de notre corps, provoquée par la fièvre, fait mourir la plupart des virus et des bactéries ? Alors plutôt que de la couper net à grand renfort de médicaments dès qu'un petit 38 apparaît, laissez-la monter un peu, le temps nécessaire pour que votre corps réapprenne à se défendre seul, comme celui du chat.

Bien sûr, pour nous comme pour le chat, je ne prône pas l'auto-guérison à outrance en cas de maladie importante, ou d'infection qui risque de s'envenimer. D'ailleurs chez le chat, dont la température corporelle oscille toujours entre 38 °C et 39 °C, une fièvre dépasse souvent un bon 39 °C et doit être surveillée de près de manière à pouvoir détecter une infection plus grave. Mais prenons par exemple le chat d'extérieur, qui ne vit pas dans un monde aseptisé, qui mange des souris, qui fouille dans les poubelles et qui, à l'image du médecin avec ses patients, est chaque jour en contact avec des centaines de germes et de bactéries : l'un comme l'autre se sont constitués un système immunitaire solide au fil du temps.

Apprendre à nous régénérer par le repos, et laisser parfois notre corps se défendre peut s'avérer bénéfique sur le long terme. Pour être en bonne santé, il faut avoir été un peu malade afin que le système immunitaire se renforce, jusqu'à devenir une véritable petite armée capable d'éradiquer toutes les petites affections que nous pouvons croiser.

**Et si on reprenait contact avec notre corps, avec sa capacité naturelle à se soigner ?
Et si la bonne santé du chat devenait aussi la nôtre ?**

CITATIONS DE CHATS AYANT INSPIRÉ DES PERSONNAGES CÉLÈBRES

« Des câlins, encore des câlins, toujours des câlins ! »
LE CHAT DE DANTON

« Un seul maître vous manque, et tout est dépeuplé. »
LE CHAT DE LAMARTINE

« On ne naît pas chatte, on le devient. »
LA CHATTE DE SIMONE DE BEAUVOIR

« Les chiens, ça ose tout. C'est même à ça qu'on les reconnaît. »
LE CHAT DE MICHEL AUDIARD

« Un chat et tout est sauvé, un chien et tout est perdu. »
LE CHAT D'ANDRÉ BRETON

À MÉDITER

« Chaque fois que je vois
un chat au soleil,
Je pense à l'humanité. »
Fernando Pessoa

LES BONNES RÉSOLUTIONS DU CHAT

Si vous attendez toujours la fin d'année pour prendre de bonnes résolutions, et le début d'année pour ne pas les appliquer, chez nous les chats, les bonnes résolutions sont permanentes et quotidiennes. Elles pourraient peut-être vous inspirer !

1. *Ne pas se fixer de bonnes résolutions tombées du ciel juste pour se donner bonne conscience. Ainsi, vous serez sûr de pouvoir les tenir.*

2. *Travailler moins pour gagner plus, que ce soit en plaisir, en temps libre, comme en rire : tout un art de vivre !*

3. *Traquer le moindre rayon de soleil qui se présente et nous baigner dedans, sans tenir compte d'une quelconque autre urgence. Et inciter nos maîtres dans leurs déménagements, à suivre le soleil.*

4. *Demain je me mets au régime et au sport ! Nan je déconne !*

5. *Ne jamais oublier que dans « résolution », il y a le mot : solution !*

MERCREDI 67

ON PARTAGE TOUT, MÊME...

« On m'a dit que former un chat était difficile. Ce n'est pas le cas. Le mien m'a formé en deux jours ».

BILL DANA

Afin que Ziggy puisse aller et venir selon ses envies, pour se promener sur les quais, je laissais toujours sur le bateau où nous habitons, les hublots des toilettes et de la salle de bains entrouverts. Mais, ce qui était une porte ouverte permanente à sa liberté s'est rapidement transformée en un véritable jeu.

En effet, quelle ne fut pas ma surprise le premier matin, alors que je me retrouvais comme chacun en train de trôner en mémoire du plat de lasagnes de la veille, de voir Ziggy venir se planter devant le hublot, le derrière posé sur la coursive extérieure, et la tête passant par l'encadrement, à l'intérieur des toilettes. Alors qu'il était en train de m'observer attentivement, scrutant chacune de mes mimiques et chacun de mes gestes, j'ai éclaté de rire à tel point il paraissait concentré sur ce que je faisais.

« Est-ce que je vais te voir quand tu grattes dans ta caisse ? », lui ai-je dit. Oui, est la seule réponse qui me soit venue immédiatement à l'esprit, comme s'il m'avait répondu. Oui en effet, sans m'en rendre compte, à plusieurs reprises, notamment au début de ce dernier déménagement, je l'avais encouragé et même félicité de faire ses besoins dans sa caisse, et d'ainsi préserver les recoins du bateau comme les coussins du canapé.

J'étais donc, mon rouleau de papier toilette à la main, l'arroseur arrosé.

Ce petit manège devint une habitude, une sorte de rituel qu'il a par la suite étendu à la salle de bains, quand je sortais de la douche et qu'il m'auscultait sous toutes les coutures alors que j'étais en train de me sécher.

« Alors, on partage tout maintenant ? Plus aucune intimité ? », lui ai-je dit en riant. Du coup, il sauta dans le lavabo, et vint s'étendre sur le tas de linge sale dont les odeurs le captivaient particulièrement.

Petit jeu du quotidien, petits instants drôles que nous partagions alors. Mais le plus étonnant, c'est que depuis, Néo et Wallace, mes deux chats moussaillons nouvellement arrivés à bord, se sont mis à faire de même ! À deux devant les hublots, inséparables, mes deux cerises, comme je les appelle, viennent désormais régulièrement me saluer au petit matin, de retour d'une chasse nocturne, avant d'aller en écraser ferme pour le reste de la journée dans le canapé !

Pour un chat, il n’est rien qui ne puisse être partagé, même l’intimité.

JEUDI 68

SOBIE

Par défiance, crainte, posture et parfois même jalousie, j'ai si souvent entendu les humains juger et critiquer gratuitement leurs voisins, leurs semblables, même leurs amis.

Le rejet par défaut est devenu une pensée, une réflexion, un avis. À qui et à quoi cela sert-il ? Au mieux à abreuver des discussions qui s'enveniment et des débats stériles, au sortir desquels personne n'a bougé de ses positions, et qui n'ont fait qu'enraciner davantage des certitudes indéboulonnables, même erronées, jusqu'à l'incompréhension. Cette posture n'amène rien de bien pour personne, et ne fait que creuser les fractures entre vous, quand vous auriez tout intérêt à vous écouter, à vous comprendre et à vous épauler.

Personne ne détient la vérité, et de cela, même si des milliers de pages ont été noircies sur le sujet, l'homme n'en a toujours pas conscience. Un peu d'empathie peut-être pour mieux se comprendre ? Try walking in my shoes[7], *oui, essayez d'écouter et de vous mettre à la place*

7. Littéralement, « Essayez de marcher dans mes chaussures » (Essayez de vous mettre à ma place).

de l'autre par moments. Essayez de le comprendre. Viser le bonheur pour soi, c'est viser le bonheur pour autrui, dans ce jeu du libre-échange des sentiments et de la ronde de la vie.

S'il est un mot qui définit au mieux le comportement des chats à l'égard des humains, la bienveillance en est à n'en pas douter la synthèse amoureuse.

Secret de vie du chat :

SOBIE
SOis BIEnveillant

LES 10 PRINCIPES DU CHAT AU TRAVAIL (À CONSOMMER SANS MODÉRATION)

« Il y a des gens qui remodèlent le monde par la force ou l'argument, mais le chat se trouve là, assoupi, et le monde se remodèle tranquillement en fonction de son confort et de sa commodité. »

ALLEN AND IVY DODD

À les observer au quotidien, même dans notre approche du travail, je me dis que, vraiment, nous avons tout à apprendre du chat ! Voici les 10 principes souriants du chat au travail à retenir, pour prendre par moments un peu de recul face à ce que l'on croit être vital ou primordial dans nos existences.

1. Ce qui peut être fait maintenant peut attendre demain.

2. Ce qui doit être fait peut être fait par un autre.

3. Savoir déléguer son travail, c'est savoir valoriser son équipe.

4. Si l'impossible pouvait être fait, je n'en serais pas chargé.

5. Les urgences tiennent compte d'une échelle temporelle qui ne me concerne pas.

6. L'important est une notion humaine soumise aux lois de la relativité.

7. Si vous n'avez besoin de rien, n'hésitez pas à m'appeler !

8. Tout projet est composé de cinq quarts : un quart de faire, un quart de savoir, un quart de savoir-faire, un quart de faire savoir et un quart de sieste !

9. S'il y a moins d'un siècle, le travail n'était pas une valeur, en quoi est-ce devenu un progrès aujourd'hui ?

10. Commencez sans moi, j'arrive !

Par moments, en faire plus serait de la gourmandise ! Vous ne croyez pas ?

L'alphabet des petits bonheurs du chat

O|P|Q

Quand le chat redéfinit les mots à sa manière, il est matière à réécrire un petit dictionnaire.

O comme...

Observateur. *Tout voir sans rien laisser paraître, telle pourrait être l'une des devises du chat.*

Opiniâtre. *Acharné, obstiné, persévérant... Nous avez-vous déjà vus abandonner ? Nous avez-vous vus rentrer nous mettre au chaud à votre appel, une fois la nuit tombée, alors que cela faisait quatre heures que nous étions figés devant un trou de taupe, sans même que l'on nous sente respirer ? Jamais, nous ne cédons jamais.*

P comme…

Prudence. *Tout autant instinctif que réfléchi, notre prudence envers les choses et envers les êtres, que ces derniers soient hommes ou animaux, nous évite souvent bon nombre de problèmes, de risques et de déceptions.*

Pacha. *Chat et pacha ! Nous avons inventé le concept ! Pourquoi ne pas vous en inspirer ?*

Q comme…

Quart d'heure de folie. *« Péter un câble », nous en avons besoin chaque jour pour nous défouler. Surtout si nous vivons enfermés. Ne vous étonnez donc plus de nous voir tourner dans tout l'appartement, sautant du canapé au bord de la fenêtre, de la console de l'entrée au buffet, en bondissant dans tous les sens ! Nous avons besoin de nous dépenser ! Et vous ? Avez-vous fait votre sport de la journée ? C'est bien ce que je me disais…*

LE CHAT EST SOCIABLE

« Si l'attraction du monde extérieur est forte, il y a aussi une attraction vers l'humain. Le chat peut disparaître, mais tôt ou tard, il reviendra pour nous saluer. »

LLOYD ALEXANDER

Le besoin de lien social est aussi vital pour les chats que pour les humains. Nous avons beaucoup évoqué les bonheurs et bénéfices personnels à reconquérir son indépendance. Mais cela ne veut pas dire qu'il faille vivre comme un ours mal léché, coupé de tous, et maugréer du fond de sa grotte.

Grâce au lien social, nous parvenons plus facilement à prendre du recul face à nos problèmes personnels et à relativiser. Certes, le chat vit au contact de l'homme tout en étant bien plus indépendant que lui, mais l'homme a, lui, davantage besoin de tisser et d'entretenir des liens avec ses collègues, ses proches, sa famille, toute personne gravitant dans son environnement quotidien. Même pour les plus inconnus que nous pouvons croiser dans la rue, nous avons inventé la politesse, pour pouvoir nous reconnaître et échanger un petit salut. Un outil de moins en moins utilisé malheureusement.

Après l'ère de l'individualisme puis du repli sur soi-même, la société tend désormais à se transformer, jusqu'à un enfermement de chacun dans son petit monde, coupé de tous et de tout. Écouteurs greffés aux oreilles, yeux rivés sur notre portable, filant sur une trottinette pour ne plus avoir à marcher sur le même trottoir ni à la même vitesse que les autres... Tout est aujourd'hui ainsi fait pour que l'on n'ait plus à s'écouter, à se voir, à se regarder ; jusqu'à ôter toute vie humaine de notre champ de vision. Tout au plus nous tolérons encore ces contacts obligatoires en réunion ou à la machine à café. Et quand nous rentrons chez nous, la télévision est là pour compenser le silence. Sans oublier, pour quelques chanceux : le chat ! Il va remplir cette absence de sentiments et d'interactions, que nous nous sommes nous-mêmes plu à cultiver à force de nous couper des autres et du monde.

Nous voilà donc bien pauvres, pour beaucoup aujourd'hui, dans notre lien et notre interaction sociale, quand le chat, lui, en connaît toute la valeur ; bien qu'il ne l'utilise qu'avec parcimonie, car il en a moins besoin que nous.

Et si l'on recréait ce lien avec cet « autre », cet inconnu, dont on ne perçoit même plus la richesse ? Cet autre dont on se méfie parfois dans nos vies, quand il pourrait être le déclencheur d'un bonheur qui s'épanouit.

PENSÉES DE CHAT

Demain

« Rien n'est jamais définitif, le pire comme le meilleur. Chaque jour est un renouveau, tout peut arriver, tout reste possible. »

Définition du bonheur

« Je ne connais pas de travail, je ne connais pas de vacances, je suis heureux il me semble. »

L'essentiel

« Il n'y a que l'amour, le beau et le rire ; le reste franchement, ce sont des conneries. »

La réponse

« La réponse est toujours dans la question – encore faut-il, pour la trouver, se poser la bonne question ! »

LES PETITS PLAISIRS DU CHAT À CULTIVER AU QUOTIDIEN

« Tout ce que je sais c'est mon chat qui me l'a appris : quand tu as faim, mange. Quand tu es fatigué, fais une sieste dans un rayon de soleil. »

Gary Smith

Pour le chat, la première lapée de jus dans la boîte de thon, c'est un peu comme la première gorgée de bière ! Ne vous en privez jamais !

Prendre régulièrement un bain de soleil ! Même si nous ne sommes pas des plantes vertes, le fait de nous exposer engendre la production de vitamine D nécessaire tout autant à notre bien-être physique que psychique.

Aucun coussin n'est jamais trop épais, ni un plaid trop moelleux.

La sieste est un art qui se cultive dès que l'envie se fait sentir.

Tout planquer dans les coussins ou sous le canapé est une méthode sûre pour tout retrouver.

Les petits plaisirs de chaque instant font le grand bonheur de toute une vie.

MERCREDI 74

SOLITUDE

Personne n'est fait pour vivre seul, pas plus vous que nous. Vous nous percevez comme des êtres indépendants, c'est vrai, mais pour autant, nous aimons la compagnie de nos congénères comme celle des hommes. Nous aimons partager avec vous et vous sentir présents.

Tant que nous pouvons sortir, courir, découvrir et mener notre vie, nous sommes d'autant plus contents de vous retrouver en fin de journée. Mais il arrive que les journées soient longues parfois, quand, enfermés dans un petit appartement, la courte vue par la fenêtre du salon donnant sur la rue n'offre que peu de divertissement.

Il n'est que vous dans ce petit monde, que nous attendons le soir avec impatience, à guetter les bruits de pas dans l'escalier, jusqu'à reconnaître votre démarche. Vous, qui, par manque et par ennui, nous poussez parfois à multiplier les bêtises : les suspensions aux rideaux, le déroulement du papier dans les toilettes pour nous passer les nerfs, nous défouler, nous amuser, mais surtout, pour passer le temps, tout simplement.

Ce n'est pas parce que vous nous voyez assis, immobiles, que nous n'avons pas besoin de bouger et de voir le monde bouger.

Imaginez l'inverse l'espace d'un instant, que l'on vous enferme tous les jours dans une pièce où vous n'avez rien à faire, où le temps passe doucement, où le silence règne, assourdissant. Un endroit où il n'est plus rien à découvrir, juste à espérer qu'en fin de journée la porte s'ouvre, et qu'apparaisse le visage aimé. Sans vos livres, votre musique, votre Smartphone, votre ordinateur, vos jeux, votre télé, ne deviendriez-vous pas fou par moments ?

Faut-il que nous soyons patients, faut-il que nous vous aimions, pour parfois ne nous contenter que d'un petit câlin en fin de journée.

Si nous comblons souvent votre solitude et votre carence d'amour quand la nuit tombe, n'oubliez pas que si vous avez vécu à l'extérieur le reste de la journée, à travailler, à rencontrer des gens, à déjeuner, à vous amuser, n'oubliez pas que nous, nous n'avons parfois fait que vous attendre.

Alors, parfois, pensez à nous, pensez à nous laisser un maximum d'espace et de liberté, pensez à nous laisser ronronner la radio comme une petite présence, pensez si vous le pouvez à nous emmener au vert certains week-ends, à nous laisser pour les vacances chez des amis à la campagne où nous pourrons gambader. Et puis pourquoi pas, au moment de nous adopter, plutôt que de n'en choisir qu'un parmi nous sur la portée, emmener avec vous mon frère, ma sœur. De sorte que quand vous serez absent, je ne serai jamais seul, et avec qui, quand vous sortirez, je pourrai m'amuser. »

La solitude est un astre nécessaire dans lequel se baigner pour se ressourcer. Mais la solitude n'est bénéfique, pour nous comme pour vous, que lorsqu'elle s'alterne avec de doux moments à partager.

LES LOIS DU CHAT SUR LE TRAVAIL

Quand je doute de mes capacités,
le chat me répond :
*« On n'est pas le meilleur quand on le croit,
mais quand on le sait. »*

Quand je doute et que j'ai envie d'abandonner,
le chat me répond :
*« L'essentiel n'est pas seulement de faire,
mais de tenir. »*

Quand, par crainte, je reste dans l'ombre,
le chat me répond :
« Seuls comptent ceux qui savent se montrer. »

VENDREDI 76

SOSIMDI

De périphrases en doutes, de sous-entendus en non-dits, la propension des hommes à ne parfois pas oser exprimer leurs sentiments ou leurs envies me laisse toujours perplexe. Comment peut-on posséder un langage articulé complet si complexe, riche de tant de nuances et ne le mettre au service que de ses doutes ?

« Je veux ce poste car... », « Je t'aime... ». Ne serait-ce pas plus simple à dire pour avancer à grandes enjambées dans la vie ? Pour ne plus perdre de temps en doutes permanents, en attente, en incompréhension souvent ?

Qui est médium ou devin parmi vous ? Qui peut décrypter aisément ce que vous n'avez pas clairement explicité ? Qui peut répondre à des attentes secrètes, si bien camouflées ? N'est-ce pas là le meilleur moyen de courir de déceptions en désillusions ? Quand personne ne répond à vos envies, quand personne ne sait lire entre les lignes ?

Soyez direct, demandez, dites, vous avez tout à y gagner, quelles que soient vos revendications, vos demandes ou vos envies. Car quelle que soit la réponse à ces désirs, vous ne serez plus figé dans vos rêveries, à ressasser vos regrets, dans l'attente fébrile de cet appel téléphonique qui « un jour viendra peut-être »... Ainsi, vous avancerez enfin, vous pourrez continuer à demander. Ainsi vous aurez regagné une part de pouvoir sur votre vie.

Secret de vie du chat :

SOSIMDI
SOis SIMple, DIs !

AIMER COMME UN CHAT

« Un chat ne veut pas que tout le monde l'aime.
Seulement ceux qu'il a choisi d'aimer. »
HELEN THOMSON

« Si nous traitions tous ceux que nous rencontrons avec la même affection que nous accordons à notre chat préféré, eux aussi ronronneraient. »
MARTIN BUXBAUM

Aimer, aimer d'amour, aimer d'amitié, aimer tout court.

Le chat aime sans calcul, sans jeu, sans rien attendre en retour. En sommes-nous tout aussi capables ? Oui, par moments, mais pour toujours. Un chat qui vous a choisi va jauger peu à peu la confiance qu'il peut avoir en vous, puis il va se donner tout entier et à partir de ce jour, il ne reviendra jamais sur ce serment, et cela pour le reste de sa vie.

Vous pourrez être distant, il vous aimera. Vous pourrez vous énerver, même après lui, il vous aimera. Vous pourrez même le négliger, il vous pardonnera. Car il sait la personne que vous êtes, celle qu'il a choisi d'aimer, celle qui se cache derrière ces passades de mauvaise humeur. Il sait que l'amour n'est pas lisse, qu'il s'agit non pas de vivre côte à côte, mais de partager à deux les aventures et les aléas de toute une vie. Celle qu'avec vous il a choisie.

Et quand il nous dit un jour, en clignant des yeux, en guise d'acrostiche du matin... Amour : Avec Moi, Ose Un Rêve... La promesse est scellée. Une promesse d'amour qui n'a besoin ni d'église, ni d'alliance, ni de registre pour à jamais exister.

Si nous avions le pouvoir d'aimer comme un chat, de toute sa patience, sa clairvoyance, son honnêteté et sa sincérité, que resterait-il de nos peaux d'hommes, qui en la matière ne savent souvent que geindre et gesticuler.

Aimer comme un chat, c'est peut-être par avance mettre les anges au chômage, avec un Cupidon en tête de lignée avachi sur son arc.

Qu'il serait pourtant agréable de parvenir à autant de paix, d'amour et d'amitié. Qu'il serait pourtant agréable de pouvoir ainsi rester indépendant, entier, en ayant tout donné. Car s'il est bien une caractéristique de l'amour du chat qui le différencie de nous, c'est qu'en ce domaine comme pour le reste, il sait n'être qu'entier.

Aimer comme un chat, c'est aimer pour toujours,
et être aimé à jamais.
Combien parmi nous n'en ont pas rêvé ?

CES CHOSES QUE VOUS NOUS FAITES PARFOIS ALORS QUE NOUS DÉTESTONS ÇA !

Même si cela peut partir d'un bon sentiment, il y a certaines choses que vous nous faites par moments, et que nous n'apprécions pas spécialement. Alors, si vous voulez agir et penser comme un chat, demandez-vous si vous-même aimeriez tout cela...

Des câlins à outrance !

Oui nous aimons les câlins, mais quand nous les choisissons ! Ne nous forcez pas quand nous n'en avons pas envie, même si c'est à ce moment-là que vous désirez nous papouiller. Ce n'est pas tant que nous ne vous aimons pas, mais pour nous, ces câlins constituent par moments une forme de domination. Et vous savez désormais à quel point notre indépendance et notre insoumission comptent, et donc ce que nous pouvons ressentir face à toute forme de sujétion ! Alors les câlins oui, mais quand nous le voulons ! C'est la règle et il n'y en a pas d'autre.

Franchement, vous-même, quand vous n'avez pas envie de vous faire papouiller, comment réagissez-vous ?

Nous forcer à prendre des bains !

Si certains collègues de certaines espèces aiment particulièrement l'eau, à l'instar du chat viverrin, la grande majorité des chats dans le monde considère que l'eau n'est faite que pour s'hydrater. Nous ne comprenons d'ailleurs pas cette relation étrange qu'entretiennent les humains avec l'eau, à se baigner ou à s'asperger. Quelle idée aussi de penser qu'il faille nous baigner pour nous laver ! Car nous sommes extrêmement propres et passons près de la moitié de notre temps à faire notre toilette ! Question hygiène, connaissant certains spécimens de votre espèce de près, ils auraient tout intérêt de temps en temps à apprendre à se lécher avec la même application que nous !

Et vous, aimeriez-vous que l'on vous force d'un claquement de doigts, à vous plonger dans un bain alors que vous étiez tout occupé à votre sieste ?

Nous gratter le ventre !

Certains collègues aiment ça, et peuvent se laisser ainsi gratter pendant des heures sans broncher. Mais sachez, chers humains, que la plupart d'entre nous n'apprécient pas que l'on nous gratte le ventre. Même si nous nous mettons sur le dos en signe d'amitié et de confiance, c'est souvent pour jouer et avoir les quatre pattes en l'air, les griffes prêtes à sortir. En réalité, il y a aussi à cela une raison qui remonte à notre enfance. C'est en effet sur le ventre que chatons, nos mères nous mettaient de petits coups de pattes pour nous maintenir au sol et nous faire obéir. C'était une sorte de petite punition. Alors les gratouilles sur le ventre ça va bien quelques secondes, mais après, attention aux griffes !

Honnêtement, vous, pendant des heures, vous aimez ça ? Surtout pas le nombril, me semble-t-il ?

Nous toucher le museau !

Le museau est un organe très sensible et qui nous est très utile. Vous pouvez nous caresser le dessus du nez, mais il faut que nous vous ayons vu approcher avec votre main doucement, sinon, il y a de grandes chances que le coup de patte y réponde comme l'éclair et que l'on se sauve rapidement.

Quelle serait votre réaction si votre voisin de table vous appuyait tout à coup sur le nez sans prévenir ?

Et pour mémoire, pour ceux qui n'auraient jamais eu de chats : nous détestons être attrapés par la queue, encore plus par les pattes arrière, et nous avons horreur d'être caressés à rebrousse-poil ! Je suis persuadé que ça non plus, vous n'aimeriez pas ! N'est-ce pas ?

UNE SANTÉ DE FER, UNE SANTÉ DE CHAT !

ACTE 3 : L'EXERCICE

« Oh non ! J'ai trop dormi ! Je suis en retard !
Pour ma sieste. »
Garfield

C'est un kinésithérapeute qui m'a fait observer ce phénomène chez le chat : un chat ne fait pas de sport, mais il s'étire et fait de l'exercice ! Ses étirements, si vous y prêtez attention, sont de l'ordre du rituel. À moins d'être surpris en sursaut, il commencera toujours par s'étirer avant de se déplacer ou de se toiletter.

Keep cool ! Tranquillement, il va pratiquer ses étirements de façon immuable et selon le rythme qu'« il » aura décidé. Les chats répondent toujours à la même discipline : patte avant, patte arrière, il va doucement, il prend le temps. Et comme pour tout ce que fait le chat, s'il fait un étirement, il le fait bien, pas à la va-vite.

Les chats, vous les voyez dormir toute la journée, mais les voyez-vous aussi courir, sauter ? Assistez-vous parfois à ce que nous avons coutume d'appeler leur « quart d'heure de folie » ? C'est le temps d'exercice minimum journalier qu'ils s'accordent pour se maintenir en forme. Identique à la demi-heure quotidienne de marche que tout coach sportif ou médecin nous recommande pour maintenir notre tonus physique. Mais de lit en fauteuil de bureau, et de voiture en canapé, pratiquons-nous vraiment ne serait-ce que cette demi-heure d'exercice chaque jour ?

Pour être en pleine forme, faites comme le chat : exercice minimum et étirements, pour un tonus maximum !

Quand le chat redéfinit les mots à sa manière, il est matière à réécrire un petit dictionnaire.

L'alphabet des petits bonheurs du chat

R|S

R comme...

Rire. *Les humains disent souvent que le ronronnement est le sourire du chat. C'est vrai ! Mais n'ayez crainte, on se moque très souvent de vous aussi ! Même si nous n'avons pas besoin pour cela, comme vous, d'éclater de rire !*

Résilience. *Prendre acte d'un événement traumatique pour parvenir à le surmonter, l'intégrer psychologiquement afin qu'il ne pèse pas dans sa vie. C'est ainsi que vous définissez ce terme. Pour nous, il s'agit surtout de résister, de tenir et surtout de savoir rebondir, pour renvoyer dans les abîmes d'hier ces mauvais souvenirs, afin qu'ils disparaissent à jamais.*

Relation. *Il n'est pas de bonne ou de mauvaise relation, il n'est que des liens qui se tissent et qui dispa-*

raissent, tout ce qui est nécessaire, d'un point de vue personnel à chaque individu, pour se construire et devenir l'être qu'il ne soupçonne pas encore qu'il sera.

S comme...

Sage. *À côté de nous le dalaï-lama est le fils spirituel d'un schizophrène hystérique !*

Sieste. *Quel meilleur remède à tout ? Quel meilleur cadeau que la vie nous a offert ? La sieste est et demeure l'empreinte du coussinet de la grande harmonie terrestre, ouvrant sur la grande harmonie céleste.*

Silencieux. *Que de bruit ! Que de bruit dans votre environnement ! À croire que vous ne savez plus vivre dans le silence, à croire que cela vous angoisse. Le silence est pourtant l'unique moyen d'entendre la petite voix de l'âme, qui murmure le chemin de vie au plus profond de soi.*

Sincère. *Pourquoi jouer ? Pourquoi mentir ? Cela dessert tout autant celui à qui vous vous adressez, que vous-même !*

Solaire. *Nous captons le soleil parce qu'il nous fait du bien. Ainsi, nous devenons le soleil, pour mieux l'irradier sur vous.*

LE CHAT SAIT DÉPASSER SES CRAINTES

« Au milieu d'un monde qui a toujours été un peu fou, le chat se promène en toute confiance. »
ROSANNE AMBERSON

Il est en effet assez étonnant de voir un chat grandir et étendre son territoire au fur et à mesure de ses découvertes, en allant au-delà de ses peurs, de ses doutes, de sa compréhension même de l'univers qui l'entoure. Et pourtant, personne ne l'accompagne pour cela, personne ne lui explique l'utilité ou le danger de telle ou telle chose dans notre univers d'hommes. Comment comprend-il alors l'utilité des voitures, de leur odeur détestable, de leur bruit ? Comment peut-il ne pas avoir peur de ces scooters vrombissants, de ces lampadaires qui s'allument automatiquement à la nuit tombée, comme autant de petits soleils dans le ciel ? Comment est-il parvenu à ne plus être dérangé dans sa sieste par un klaxon ou un enfant qui crie dans la cour ? D'ailleurs, qu'est-ce pour lui qu'un enfant ? Le voit-il comme le petit de l'humain ou bien comme une espèce à part entière, marchant à quatre pattes ?

Tout dans l'univers du chat lui est inconnu au départ, tout est à découvrir, à jauger en plaisir ou danger potentiel. Et pour tout, le chat est seul très rapidement à effectuer cette démarche. Pour chaque nouveauté qui se présente à lui, le chat se doit de dépasser ses craintes, d'aller au-devant de cette chose inconnue, vers cet objet qui fait du bruit. Qu'est-ce qu'une radio pour lui ? De mini-humains qui parlent, cachés dans une boîte ? Un mystère de plus à cerner, à approcher, à résoudre !

Savons-nous, comme le chat le fait chaque jour, dépasser nos craintes et aller, chaque jour, vers ce que nous ne connaissons pas ?

J'aimerais partager avec vous un témoignage à ce sujet. Il y est question de ces craintes et de ces peurs que nous pouvons, comme le chat, tous surmonter.

Alors que je faisais la promotion d'*Agir et penser comme un chat,* j'ai un jour reçu un e-mail d'une jeune femme franco-iranienne. Cette dernière voulait me remercier pour ce livre, qui l'avait libérée d'une angoisse qu'elle portait depuis son enfance.

Elle m'expliquait qu'elle avait une véritable phobie des chats, à un point tel qu'il lui était impossible de regarder une photo de chat sur un magazine. Et l'enfer pour elle était de croiser un chat dans la rue, ce qui la mettait dans un état de crise de panique. De plus, son voisin de palier avait un chat qu'il laissait parfois sortir dans le couloir de l'immeuble. Et quand cela arrivait, il lui était déjà arrivé de rester enfermée chez elle plusieurs jours de suite. Cette phobie allait au-delà d'une simple crainte, cela la faisait souffrir et l'empêchait de vivre beaucoup de moments depuis son enfance.

Alors que cette traductrice de métier flânait dans une librairie à Paris, elle tomba soudain sur la couverture d'*Agir et penser comme un chat*. Elle eut un petit mouvement de recul, mais comme le titre l'intriguait, et que les trois petits chats sur la couverture étaient des dessins, elle parvint à s'en saisir et à repartir avec. De cet instant, a débuté une nouvelle vie pour elle, elle se mit à démystifier et à comprendre le caractère du chat, cet animal bienfaisant et bienveillant dont elle avait une peur panique. Au fil de sa lecture, elle parvint même quelques jours plus tard à approcher sans trop de craintes un chat dans la rue. Puis, elle se rendit dans un bar à chats pour les approcher de plus près tout en poursuivant sa lecture.

Les semaines qui suivirent, nous avons échangé quelques e-mails dans lesquels elle me faisait part de ses progrès auprès des chats, et l'été qui suivit, je reçus un matin une photo d'elle avec un énorme chat dans les bras. C'était gagné ! Elle avait gagné ! Elle était allée au-delà de toutes ses peurs, qui étaient bien plus que de simples peurs !

Pour me remercier, elle tenait absolument à écrire la version persane d'*Agir et penser comme un chat*. J'étais touché et de cet instant a débuté l'aventure du chat en Iran.

On ne connaît jamais la portée de ses mots et de ses actes. Cet ouvrage a été au-delà de mes espérances au travers de ce témoignage, et j'espère que de différentes manières ce nouvel ouvrage saura vous être utile.

Alors que je terminais ce manuscrit, j'ai reçu la semaine dernière un nouveau message de cette jeune femme : la traduction est terminée et, à présent, elle a adopté un chat avec qui elle vit et qui, comme elle me le dit, « est devenu le cœur de toute [sa] vie. »

En réalité, elle était déjà un chat sans le savoir. À avoir dépassé ses peurs, c'est une nouvelle vie qui s'est ouverte, une vie de chat que jamais elle n'aurait soupçonnée jusqu'ici.

Allez sans crainte vers ce qui vous effraie, là se trouve une nouvelle voie pour votre vie.

JEUDI 82

PALEPATO

Secret de vie du chat N°12

Funeste fardeau que celui de cumuler jalousie, rancœur et autres désirs de vengeance sourde qui crépitent au fond du cœur des hommes. Un sac qui ne cesse de s'alourdir année après année, que vous ouvrez régulièrement, pour voir si tout est encore là, intact, béant, aussi douloureux qu'au premier jour.

En tant que chat, jamais je ne me permettrai de dire qu'il faut oublier. C'est si facile, surtout quand oublier ne signifie que camoufler les plus grosses peines sous le tapis, en tentant de se convaincre que tout va bien.

La question n'est pas d'oublier, mais d'accepter. Accepter les douleurs, le mal qu'on a pu vous faire ; accepter les humiliations, les échecs, car en réalité, c'est tout ce qui vous a fait grandir. La somme de ces combats, de ces chutes dont vous vous êtes relevées, fait la personne que vous êtes aujourd'hui. À quoi sert alors de vous embarrasser de ce fardeau inutile pour le reste du chemin à parcourir ?

Apprendre à pardonner, c'est avant tout se rendre service à soi, et poser ce sac au bord de la route, pour le laisser s'étioler avec le temps, loin de votre regard. Savoir pardonner, ce n'est pas oublier, c'est juste poursuivre son chemin, sans amertume, tourné vers demain.

Vous pouvez pardonner aux autres en restant à leurs côtés si telle est votre volonté, comme vous pouvez leur pardonner en vous éloignant, sans jamais vouloir les revoir. Dans un cas comme dans l'autre, c'est le sac qui ne cesse de s'alourdir qu'il faut laisser sur le trottoir. Car à vouloir ainsi toute une vie le remplir et le porter, il arrive un matin où, accroché à votre dos, vous ne pourrez même plus vous lever pour marcher.

Savoir pardonner, c'est aussi et avant tout savoir se pardonner à soi, des erreurs qu'on a faites, de la confiance accordée. Savoir se pardonner, c'est savoir encore se relever, pour sourire encore une fois.

Secret de vie du chat :

PALEPATO
PArdonne-LEur, PArdonne-TOi

CONTE MODERNE POUR CHAT

« Les chats sont de gentils maîtres, tant que vous vous souvenez de votre place. »
PAUL GRAY

Agir et penser comme un chat, c'est aussi laisser aller sa folie, ses envies, son bon plaisir. C'est aussi, croiser au détour de la rédaction de cet ouvrage, un poisson qui vient toquer à la fenêtre, comme dans un conte moderne...

Il était une fois... l'ami des bêtes.

En ce vendredi ensoleillé, Virgile vient à l'instant d'apercevoir un poisson avec une clope au bec passer devant sa fenêtre. Le poisson revient sur ses brasses d'un coup de nageoires, tapote au carreau et lui dit : « Auriez-vous du feu s'il vous plaît ? »

Quelque peu décontenancé, Virgile saisit alors son chalumeau – il se lance dans l'art moderne, un art où faire n'importe quoi est permis, si on a suffisamment de vocabulaire pour l'expliquer – et lui fait rebiquer les écailles dans un jet de propane !

La moustache frisée à la Dali – c'est un poisson-chat – le poisson lui dit comme ça : « Merci… Ça cogne aujourd'hui ! »

Virgile, surpris, lui propose : « Entrez cinq minutes vous mettre au frais et prendre un ver ! »

Le poisson-chat : « Trop aimable ! »

Virgile, poli : « Vous voulez une bassine pour vous rafraîchir ? »

Le poisson-chat : « Oui, avec un doigt de vase et des rillettes de chat ! »

Virgile : « Vous bouffez du chat ? »

Le poisson-chat : « Tous les jours, à part le vendredi ! Le vendredi : je me fais un catholique ! Ça a un goût de carne, mais c'est bon pour le transit ! »

À cet instant, le chat de Virgile entre dans le bureau, il s'approche, saute sur le rebord de la fenêtre et serre la nageoire au poisson en regardant son maître. Il dit au poisson :

« Tu me le laisses encore un peu ? J'en ai besoin. Je sais bien que c'est ta journée catholique, mais repasse plutôt pour le Vendredi saint et, en attendant, je te file l'adresse d'un restaurant chinois où tu pourras bouffer toutes les rillettes de chat que tu voudras ! »

Le poisson-chat répond en toisant Virgile : « Ok ! Ça ira pour cette fois ! Tu sais que tu as du bol, toi ? »

Allez savoir pourquoi, la seule chose que put rétorquer Virgile sur le coup c'est : « Mais j'suis pas catholique ! Je vous jure, je ne suis pas catholique ! »

Le poisson-chat : « Ils disent tous ça ! Allez, remets un peu de vase dans ma bassine ! »

Virgile : « Oui, oui, tout de suite... »

Le chat : « Ouais et qu'ça saute ! Et fais péter les sardines ! T'as rien contre ? demande-t-il en se retournant vers le poisson-chat. »

Le poisson-chat : « Non, non, c'est une sous-marque... Tu peux taper dedans ! »

Virgile se précipita en cuisine en quête d'une boîte de sardines, en se disant que de nos jours, il vaut mieux être athée que catholique, car si même les poissons-chats se mettent à bouffer du catholique pour des raisons gastronomiques, il est à craindre que les guerres de religion dépassent les frontières de la bêtise dans laquelle jusqu'ici elles étaient confinées.

Et c'est ainsi que le chat, Virgile et le poisson-chat vécurent enfants et firent beaucoup d'heureux.

Laissez entrer le souffle de la fantaisie, et le vent de la douce folie pour illuminer votre vie.

LES LOIS DE L'EMMERDEMENT MAXIMUM DU CHAT

Dans la série : comment emmerder mon maître parce que ça me fait du bien, voici un petit éclairage sur nos compétences particulières en la matière, avant tout, parce que ça nous amuse beaucoup ! Sans rancune ![8]

Comme le dit la poétesse Pam Brown : « Les chats peuvent déterminer mathématiquement l'endroit exact où s'asseoir pour causer le plus de dérangement. » Elle a raison !

Nous considérons comme « maître » dans ces lois, l'humain de type féminin ou masculin qui pense avoir un quelconque pouvoir sur nous parce qu'il nous offre le gîte et le couvert ! Laissons-lui par pure générosité cette appellation de « maître » dans les lois qui suivent, comme petit luxe intellectuel.

Loi n° 1

Tout objet personnel du type clef, stylo, portable, qui se trouve à portée de pattes, peut faire l'objet d'une chute « accidentelle ». Et tout en provoquant cette chute, nous regarderons amoureusement notre maître dans les yeux...

8. Cf. Secret de chat n° 9 : AMTODETO, page 149.

Loi n° 2

La tranche horaire idéale pour inviter notre maître à jouer se situe entre 3 heures et 5 heures du matin. On pourra au choix miauler devant la porte de la chambre si elle est fermée, ou venir leur grimper sur le nez.

Loi n° 3

Quelle que soit la pièce, l'endroit le plus confortable devra répondre à deux prérogatives : qu'il devienne notre propriété privée, et qu'il soit utilisé en permanence par notre maître, pour le faire culpabiliser de nous déranger.

Loi n° 4

Plus le maître appellera pour nous faire venir, moins nous lui répondrons. Question de principe.

Loi n° 5

C'est quand le maître désirera le plus de câlins que l'on s'éclipsera, mais quand il en aura le plus besoin qu'on lui offrira.

Loi n° 6

Quel que soit le repas qui se prépare, dès que le maître a le dos tourné, il y a forcément quelque chose de bon pour nous sur la table. Il ne serait pas sain d'aller contre notre nature en ne chapardant pas.

Loi n° 7

Notre capacité d'étirement est exactement proportionnelle à la largeur du couloir de la chambre, comme à celle de l'entrebâillement de la porte d'entrée. Pourvu que cela entrave au maximum le passage.

Loi n° 8

La moquerie du maître à notre égard est à l'échelle du délai et de la taille de notre petite vengeance à venir, par principe, parfois des semaines plus tard.

Loi n° 9

Rien ne sert de faire quand le maître est là. Quelle que soit l'envie, il suffit de miauler pour demander. Avec force si besoin. Comme le dit le grand maître chat : « Et de t'entendre miauler, il se lassera. »

Loi n° 10

La notion d'ordre n'étant pas quelque chose de raisonnablement acceptable, plus notre maître demandera, moins nous obéirons.

À MÉDITER

« Le chat a trop d'esprit pour ne pas avoir de cœur. »

Ernest Menault

LES RECETTES D'AMOUR DU CHAT

Parce que je vous vois si souvent perdus dans vos sentiments, dans vos désirs, dans vos non-dits, cela me fait de la peine. Tout pourrait être tellement plus simple si vous écoutiez la petite voix qui, en vous, ne cesse de murmurer ces quelques définitions amoureuses, ces quelques caresses. Cessez de vous mentir pour cesser de souffrir, à cœur ouvert...

Aimer

Parvenir à aimer encore, c'est se donner une chance pour demain.

Simplicité

En art, en amour, comme en affaire, la plus grande difficulté est encore de faire dans la simplicité.

Sable

Le sable est fin, les opportunités encore plus. Savourez le sable.

Mystère

Entre entretenir le mystère et semer le doute, la différence est ténue, l'une séduit, l'autre détruit.

Mariage

Le mariage oblige à se poser la seule véritable question... Celle de l'amour. Et permet d'élaguer rapidement les fausses situations du couple pratique, confortable, économiquement intéressant, socialement acceptable...

Prière

Il faut se méfier des prières que l'on fait, parfois elles se réalisent.

Fin de l'histoire

Combien de jours encore à se dire au revoir ?

Conjugaison amoureuse

Je, tu, il... vous...
Il y avait nous,
Il y avait tout.

Parce que je pense à vous... [9]

« Aimez sans mesure,
Aimez sans peur,
Aimez sans cacher,
Aimez comme au premier jour,
Comme s'il était le dernier.

9. Extrait du livre *Le Chat en 500 citations*, éditions de l'Opportun, 2018.

Aimez sans réserve,
Aimez sans pudeur,
Aimez à en crever,
Aimez même si vous êtes seul-e,
Même seul-e à vouloir aimer. »

ZIGGY

LE COUCHER

« La meilleure façon pour un chat de signifier son bonheur, c'est de dormir. »
CLEVELAND AMORY

Pour celles et ceux qui rencontrent des problèmes pour s'endormir : adoptez un chat !

Au-delà de l'aspect « bouillotte », le chat qui vient se poser sur vous le soir, et qui se met à ronronner pendant des heures avant de s'endormir, est bien plus efficace que n'importe quel somnifère. Vous avez beau lutter, avec sa respiration calme, sa chaleur qui vous irradie le corps et son ronronnement hypnotique, vos soucis s'envolent, et il vous emmène dans les bras de Morphée, pour un profond sommeil devant la télé.

Cet instant où l'on se sent partir, comme emmené par le chat, n'est pas un endormissement comme un autre. C'est comme si quelque part nous en avions conscience, mais que nous étions tellement bien, que nous n'avions pas envie de lutter. Juste de se laisser aller, juste de partir avec lui, sans la moindre pensée, juste bercé par la tiédeur de son souffle.

Les yeux se ferment doucement, et l'on est déjà loin quand dans la seconde qui suit, nous nous enfonçons directement avec lui dans un sommeil profond.

Pour notre plus grand plaisir, le chat a le pouvoir de nous emmener au pays des rêves.

INTAVI

Qui fait les normes ? Qui fait les règles ? Qui désigne les envies ? Qui suggère sous de faux airs ? Qui ordonne ? Qui décide de vos désirs ?

Les sociétés humaines ont créé tant de règles de fonctionnement, qu'elles en sont devenues des diktats. Difficile d'y déroger sans devenir marginal, difficile de s'en affranchir sans risquer l'exil. Que reste-t-il à apprendre hormis à rentrer dans le rang à partir d'un certain âge ? Sous cette Occupation des esprits, existe-t-il encore une zone libre ?

C'est le petit coup de gueule révolutionnaire du chat, quand je vous vois si souvent aller à l'encontre de vos rêves, juste pour répondre aux critères du microcosme dans lequel chacun évolue. À chaque strate ses lois, à chaque sphère ses manières, à chaque cercle ses dogmes et ses obligations auxquelles il faut répondre, pour encore y appartenir, et s'y sentir exister.

Je ne juge pas tant ce système, que les tristesses et les désillusions qu'avec lui il amène. Car je vois tant de regards perdus vers un ailleurs qui semble si inaccessible.

Quand les règles à suivre à chaque étape d'une vie, pour être bien moulé dans ce qu'il faut paraître, ne sont plus qu'une machine à broyer les rêves, il est temps de prendre les chemins de traverse, et de savoir à tout instant remettre à plat les conditions de son bonheur. Il n'est au final aucune loi, aucune règle à suivre, si ce ne sont les vôtres, pour à chaque minute, réinventer votre vie.

Secret de vie du chat :

INTAVI
INvente TA VIe

GRANDIR COMME UN CHAT

« Il n'y a pas plus explorateur intrépide qu'un chaton. »
Jules Champfleury

« Un chaton ordinaire posera plus de questions qu'un enfant de cinq ans. »
Carl Van Vechten

Pourquoi devoir attendre d'être adulte pour parfois corriger notre comportement, nous améliorer, ou pour simplement être heureux ?

Pourquoi ne pas, dès l'enfance, s'épanouir sur des bases saines, zen et rassurantes quant à la vie et aux bonheurs à venir ?

Pourquoi attendre d'être vieux pour être grand ?

Pourquoi, si vous avez des enfants, ne pas leur transmettre dès à présent et suivant leur âge, quelques bases de bien-être et de bonheur, inspirées du chat ?

Pour débuter cette enfance de l'art de vivre, je vous propose, au-delà de tout ce qu'il vous semblera utile et facilement applicable à votre enfant dans cet ouvrage, de revenir sur les 40 qualités et facultés du chat adaptables à l'homme.

Une douzaine d'entre elles peuvent déjà constituer une bonne base ludique d'apprentissage personnel. Cultivez-les et transmettez-les à vos enfants, pour un meilleur épanouissement.

1. Le chat est indépendant.

Et si on travaillait sur l'autonomie de l'enfant ?

2. Le chat est curieux par nature.

Cette curiosité sera précieuse à l'enfant pour ses études et sa vie à venir.

3. Le chat est toujours honnête.

Une base d'éducation incontournable !

4. Le chat est un ami sincère.

Des amis, la richesse de toute une vie.

5. Le chat est hermétique au jugement.

Apprenons au plus tôt à ne pas subir et à ne pas se laisser influencer en permanence.

6. Le chat est tenace.

On s'accroche à la tâche et on termine ce que l'on a commencé.

7. Même s'il ose, s'il est curieux, le chat est toujours prudent.

Un apprentissage tout ce qu'il y a de plus naturel pour un enfant. Prendre des risques est nécessaire pour découvrir le monde, mais les découvertes à venir peuvent être encadrées de prudence.

8. Le chat est silencieux et observateur.

On apprend tout autant par ce que l'on voit et ce que l'on entend dans notre environnement que dans les livres.

9. Le chat est humble et indulgent.

Sensibiliser l'enfant à sa socialisation, à son sens de l'écoute, pour demain peut-être un peu d'empathie.

10. Le chat s'accepte tel qu'il est, il s'aime.

Une des bases fondamentales de son bonheur d'aujourd'hui et de demain.

11. Le chat s'adapte à tout, rapidement.

Développer son sens de l'adaptation à de nouveaux lieux, comme à de nouvelles personnes, lui confère une ouverture sur le monde et une aisance qu'il pourra sans cesse réadapter et réinventer, tout au long de sa vie.

12. Le chat a confiance en lui.

Cette capacité qui se travaille tout au long de sa vie, le servira d'autant plus vite pour les années à venir, qu'il l'aura intégrée enfant.

Offrez dès aujourd'hui à vos enfants les clefs de construction de son bonheur, que vous auriez aimé connaître auparavant.

Quand le chat redéfinit les mots à sa manière, il est matière à réécrire un petit dictionnaire.

L'alphabet des petits bonheurs du chat

T|U V|W

T comme...

Têtu. *Cf. Opiniâtre. Comme quoi ce mot est insistant dans notre alphabet de vie !*

Territoire. *On entend souvent certains « spécialistes » déclarer : « Les humains sont ridicules avec leurs petits drapeaux qu'ils plantent sur leurs pays, quand les animaux eux sont des habitants de la planète, et ne connaissent aucune frontière ! » Vraiment ? Bêtise ! Tous les animaux ont et se déplacent sur un territoire défini. À commencer par nous, qui le délimitons et qui passons nos journées à en faire le tour ! Ce genre d'affirmation est pour le coup du pur anthropomorphisme inversé ! Vous nous attribuez vos utopies sans tenir compte de notre nature animale, et donc territoriale, comme de la vôtre.*

Heureusement que les animaux ont tous des territoires, sans quoi vous n'auriez pas fini de voir des antilopes sur les Champs-Élysées et des crocodiles patauger dans la Seine !

Tenace. *Cf. Têtu, ci-dessus. Autant de synonymes de notre faculté à comme vous dites : « Ne jamais rien lâcher ». Encore faut-il s'y tenir !*

U comme...

Unique. *Y'en a pas deux comme nous ! Y'en a pas deux comme vous ! On est faits pour se rencontrer !*

V comme...

Vœu. *Si nous n'avions qu'un vœu à faire, il serait encore pour les hommes, afin qu'ils parviennent à être heureux.*

Vie. *Quel plus beau cadeau ? Quand, en retour, on ne vous demande que d'être heureux et d'en profiter !*

W comme...

What the fuck ?[10] *Combien de milliers d'années continuerez-vous encore à vous entretuer pour des broutilles ? Nous avez-vous déjà vus, nous chats, en état de guerre, pour quelque raison que ce soit ? Pourquoi vous détestez-vous mutuellement à ce point-là ? Vous avez aboli vos considérations de race entre humains, et pour autant rien n'a changé. Il est toujours une bonne excuse à vous entretuer.*

Il n'est pas de races chez les chats, hormis celles que vous avez inventées pour nous répertorier, et même de cela nous n'avons que faire. Ce serait bien là la dernière des idées pour nous faire la guerre.

10. Traduction : « C'est quoi ce bordel ? Qu'est-ce qui ne va pas ? »

LE CHAT EST TÉLÉPATHE

« Qu'est-ce qu'écrire ? De la télépathie, bien entendu. »
STEPHEN KING

Il existe un phénomène assez étrange dont tous les propriétaires de chat, qui vivent en maison et dont le chat est libre d'aller et venir à l'extérieur comme bon lui semble, peuvent témoigner. À chaque fois que nous rentrons du travail en fin de journée, le chat est là qui nous attend, devant le portail, assis sur la barrière ou devant la porte d'entrée.

Certains se diront : il connaît l'heure à laquelle vous rentrez, et parvient à se repérer et à vous attendre. Or, le chat n'a aucune notion d'heure, et de plus, cela fonctionne quelle que soit l'heure à laquelle vous rentrez, même si cela change chaque jour. Le chat est là, à vous attendre.

J'ai également entendu : « C'est à cause de la voiture, ils ont l'ouïe fine et reconnaissent le bruit du moteur. » Cela est envisageable pour une maison isolée des autres et de la route. Mais pas dans des quartiers résidentiels où les maisons jumelées poussent comme dans une champignonnière. De plus, même avec l'ouïe fine, allez faire la différence entre trois citadines diesel, le bruit du moteur est identique. Et pourtant le chat est là, à l'heure dite.

Alors comment fait-il, s'il n'a aucune notion du temps, ni aucun repère quant à nos horaires, s'il n'a pas pu de surcroît nous voir arriver, s'il n'a pas pu reconnaître le bruit, ni peut-être du tout l'entendre car se trouvant à 600 mètres de là, au bout de son territoire ? Car oui, il ne reste pas toute la journée dans la cour à nous attendre, et parcourt son chemin de ronde pour surveiller ce territoire qu'il a parfois étendu au quartier voisin.

Comment fait-il alors, compte tenu de tous ces paramètres, de toutes ces impossibilités, pour se trouver là, devant le portail, pile au moment où nous arrivons ?

Après avoir entendu des dizaines de fois ce témoignage, et pour avoir vécu cette situation au quotidien depuis que je vis avec des chats, je n'ai pu trouver qu'une explication : la capacité télépathique du chat.

Cette fois il a craqué, penseront certains ! Mais après m'être penché sur le sujet, je ne trouve à ce jour aucune autre explication à ce phénomène. En effet, le temps que nous passons avec notre chat crée au fil du temps un lien d'affection, puis de compréhension, qui se transforme en véritable connexion comme chaque propriétaire de chat le sait. Et cette connexion, qui n'a besoin ni de mot, ni de son, se tisse un peu plus profondément chaque jour, jusqu'à ce que le maître et le chat soient véritablement interconnectés, jusqu'à ce qu'un simple regard suffise...

Jusqu'à ce que même un regard ne soit plus nécessaire pour se comprendre. De quoi est faite alors cette connexion dont nous usons naturellement avec lui, sans même nous en rendre compte ? Car c'est bien l'aspect instinctif et involontaire de ce contact qui en fait le fonctionnement.

Dans le phénomène observé, le chat ne nous a ni vus, ni entendus, mais a perçu une de nos pensées, alors que nous étions sur le chemin. Nous disions : « Pas mécontent d'être arrivé… » ou « Qu'est-ce j'ai fait des clefs du portail ? ». Une pensée simple, gratuite, éphémère, sans but, mais une information… partagée avec votre univers personnel, et donc avec votre chat ! Même s'il ne comprend pas forcément les mots, il comprend le mouvement, l'intention, votre approche, et de cet instant, il vient vous accueillir sur le pas de la porte.

Incroyable non ?

Par la suite, je me suis amusé à la télépathie avec mon chat, alors que j'étais dans une pièce, pour le faire venir jusqu'à moi. Étonnamment, ça a marché, pas à chaque fois je vous l'accorde, mais d'un point de vue cartésien, statistiquement, très souvent. Le plus dur étant d'effacer l'aspect volontaire du message à transmettre. Il faut que ce soit une envie, une intention, un mouvement de l'esprit et non pas un ordre ou une demande.

Chacun est libre d'y croire ou non, mais je vous invite à essayer, et à vous demander, demain soir quand vous rentrerez, comment il a su que vous arriviez juste à ce moment-là, alors que vous avez deux heures de retard par rapport à votre horaire habituel !

Comme le disait en souriant Raymond Devos : « La télépathie, c'est le téléphone de demain. »

Tous les êtres vivants sont interconnectés.
À nous d'apprendre et d'évoluer.

PENSÉES DE CHAT

Du risque

« Prendre un risque revient à mesurer le temps qu'il faut pour réussir. »

Dire

« Ce n'est pas parce qu'on dit les choses bien, qu'on dit les bonnes choses, et encore moins la vérité. »

Compte à rebours

« Personne n'a toute la vie devant soi, nous n'avons que le temps qu'il nous reste. »

Partir

« On ne dit jamais au revoir quand on s'en va. »

LES SIGNAUX FAIBLES

« Les chats peuvent être coopératifs quand quelque chose semble bien, ce qui, pour un chat, est la façon dont tout devrait se dérouler. »

ROGER CARAS

J'ai mis longtemps à comprendre les signaux que Ziggy m'envoyait, en dehors de ses besoins et envies personnels pour lesquels, comme tout chat, il savait être très insistant ! Mais il m'envoyait aussi des signaux sur ma vie, ce qu'on appelle des « signaux faibles », des indices, des routes à prendre, des orientations à suivre, des livres à ouvrir…

Je ne l'écoutais pas au départ. Je ne parvenais pas encore à décoder ses messages, alors que depuis longtemps il me disait à coups de pattes sur la main, à coups de tête dans le menton, à piétiner sur mon clavier : « Il est 22 h, tu as les yeux dans les chaussettes, et tout ce que tu écris ce soir sera bon pour la poubelle demain ! Tu verras ! »

Il avait raison.

Il voulait que je m'occupe de lui, mais aussi que je m'occupe de moi ! Car têtu comme je l'étais dans ces moments-là, je le repoussais sur le côté du bureau pour continuer... mais lui restait là, à m'observer, vautré sur une pile de papiers, avec dans son regard autant de bienveillance que d'air navré à mon sujet.

Que de temps perdu à ne pas écouter ses mises en garde, ou encore les directions qu'il me montrait. Que de fatigue, de travail et de ténacité se sont ainsi transformés en un simple entêtement, aussi bête qu'improductif.

Les chats savent lire entre les lignes, ils savent écouter et décrypter le grand livre de la vie, et parfois, auprès de nous, ils peuvent en être les messagers. Ne reste alors plus qu'à prêter attention à ces signaux qu'ils nous envoient, et à en tenir compte pour réorienter certains projets et ne plus nous cogner la tête dans le même mur à chaque fois.

Savoir écouter le chat, c'est apprendre à s'écouter soi-même.

MARDI 94

ACOJA

S'il est un bien précieux dont il ne faut jamais se défaire,
S'il est une cause à défendre de tout son cœur et de toutes ses griffes,
S'il est un moteur unique à l'âme animale comme à l'âme humaine,
S'il est un bonheur essentiel, un élément fondateur pour chaque vie,
C'est bien lui.
S'il est un lien unique entre tous les êtres,
S'il n'est qu'une raison à retenir de la Vie sur cette Terre,
Si je n'avais qu'une prière, elle serait pour que jamais il ne s'éteigne,
Et si je n'avais qu'un message à vous transmettre,
Je ne vous parlerais encore que de lui.
Amour.
Ce mot que l'on jette parfois en l'air, si léger, si fragile.
S'il n'y a bien qu'une chose à retenir du cycle infini de la vie, c'est que sans lui, rien n'est possible.

Alors, quels que soient votre âge, votre situation, votre vie, s'il est bien une source intarissable à laquelle chacun peut s'abreuver, à laquelle chacun peut abonder, c'est à la fontaine de l'amour, car à travers elle, tout devient saveur, tout devient rire, tout devient vie.

Aimez, aimez comme jamais, aimez sans compter, aimez sous toutes les formes que vous pouvez donner, et jamais un jour vous ne pourrez penser : qu'ai-je fait de mes années ?

Secret de vie du chat :

ACOJA
Aime COmme JAmais

REPRENDRE UN CHAT ? QUE DU BONHEUR !

« La chose la plus difficile à supporter quand ils s'en vont, ces amis tranquilles, c'est qu'ils emportent avec eux tant d'années de nos propres vies. »
JOHN GALSWORTHY

Lors de mes dédicaces, j'ai souvent rencontré des gens qui, frappés par le chagrin d'avoir perdu leur animal de compagnie, ne parvenaient à en reprendre un.

J'ai écouté leur douleur, perçu au travers des larmes qui leur montaient aux yeux la puissance de l'attachement à leur chat, autant de témoignages poignants de tout ce que cette boule de poils avait pu leur apporter au cours de leur vie.

Pour beaucoup, il était difficile, même des années plus tard, de partager à nouveau leur vie avec un chat, tant la crainte d'un jour le voir partir était grande. Les premiers temps, je pensais de même à propos de Ziggy. Après tant d'années partagées ensemble, je n'imaginais pas qu'un autre chat puisse prendre sa place.

C'est vrai. Aucun chat ne prend la place d'un autre dans notre cœur et dans notre mémoire. Chaque relation tissée est unique et aucun chat n'en efface un autre.

Mais ce qui était notable au travers de leurs soupirs lorsqu'ils évoquaient leurs compagnons disparus, c'était aussi ce vide que ces derniers avaient laissé, que rien n'avait pu remplir, et cette envie de le combler. Car la forme d'affection et d'attachement que l'on tisse chaque jour avec un chat ne peut être compensée par aucune autre forme de plaisir ou d'amour, elle est unique.

Alors, si votre chat a pu remplir ainsi autant une partie de votre vie, s'il a réussi à vous apporter autant de réconfort que de bonheur au quotidien, c'est bien la preuve qu'ils sont parmi nous pour cela.

Pourquoi se refuser à soi-même ce bonheur qu'ils veulent nous offrir ? Pour l'avoir connu peut-être, vous savez de quoi je parle. Alors pourquoi ne pas vous offrir, comme au petit chaton qui vient peut-être de naître chez un-e de vos ami-e-s, une nouvelle tranche de vie et de bonheur à partager ?

C'est aussi cela agir et penser comme un chat : accepter le bonheur qui vous tend la patte !

Rendez-vous heureux,
reprenez un chat !
Comme le disait Ernest Hemingway :
« Un chat conduit à un autre. »

VIVRE ENSEMBLE

Il y a peu de temps encore, alors que vautré sur les genoux de Stéphane, nous suivions l'actualité lunaire de ces dernières semaines, une évidence m'a sauté aux yeux. Si hommes et chats étaient parvenus de longue date à fusionner leurs existences dans le respect et l'indépendance de chacun, les hommes entre eux, malgré des siècles de civilisation, mêlant expérience, philosophie, sciences, morale et textes sacrés, n'y étaient toujours pas parvenus.

Beaucoup pensent que les chats vivent seuls car c'est dans leurs gènes. C'est vrai, mais faux quand le besoin de vivre en meute pour des questions de survie se fait sentir. Comment ce « vivre ensemble » s'organise-t-il alors ? Il y a un chef, oui, désigné par la meute. Mais un chef qui n'est pas un tyran, un chef qui n'est pas là pour mener des luttes. Il est là pour superviser l'organisation de la vie du clan : la recherche de la nourriture, la surveillance du territoire et la protection des plus jeunes. Ce chef n'est nommé que pour répondre aux besoins d'un collectif rassemblé en raison de la difficulté pour un chat seul, dans certains environnements, à pouvoir mener à bien l'ensemble de ces missions. On retrouve souvent ce phénomène de meutes dans les villes, auprès des chats sauvages. Si ailleurs, ils auraient pu se débrouiller seuls, en ville le partage des tâches peut devenir une nécessité. Dans cette nouvelle organisation, chacun préserve sa liberté et son indépendance tout en participant au collectif, afin de pouvoir manger, se reproduire et vivre en sécurité. Hormis quelques explications entre mâles à la période des chaleurs, cette nouvelle forme de vie en groupe est acceptée, car chacun y participe, et que tout le monde a à y gagner. Étonnant comme concept, non ?

Oui, je me moque un peu, mais à observer la complexité de vos sociétés, auxquelles plus personne ne veut adhérer, hormis pour prendre et ne rien donner, le ridicule l'emporte à mes yeux de chat. Vous avez pourtant besoin les uns des autres, contrairement à nous, tant vous ne savez plus depuis bien longtemps assumer et assurer vos besoins primaires de survie.

Alors vous me direz : « Oui, mais si on met des chats habitués à vivre seuls, sans besoin de meute, dans une même pièce, que se passe-t-il ? Ça va être la guerre ! Ils vont s'entretuer ! Ce sont des animaux territoriaux et de surcroît des dominants, tout le monde voudra être le chef ! »

Avez-vous tenté l'expérience ? Je vous y invite. Des deux chatteries que j'ai fréquentées pour les vacances, l'une en immeuble et l'autre en plein air, jamais je n'ai pu observer cette dérive.

Dans le premier cas, nous avions chacun une « chambre » personnelle et une salle de jeux collective, et, quand nous nous retrouvions tous dans ce lieu à nous croiser sur les étagères, à nous mélanger dans la grande roue pour courir, pas un seul d'entre nous n'a jamais montré la moindre agressivité envers les autres. Et pourtant, nous étions tous des étrangers. Donc suivant certaines définitions humaines, des êtres dont il fallait se méfier.

Dans le second cas de cette colonie de vacances en plein air, nous nous retrouvions tous dans un grand parc avec des chalets, des jeux, sans aucun endroit réellement personnel. Même si les soigneurs nous indiquaient notre chalet au départ, rapidement nous en changions au gré des affinités qui se liaient. Un été, nous étions près de cent chats en liberté dans ce magnifique parc, et jamais, au grand jamais, aucun d'entre nous n'a brisé ce pacte de paix, cet équilibre, cette condition nécessaire au vivre ensemble dont j'entends les perroquets se gargariser dans vos journaux télé. Mais pour les hommes, ce ne sont souvent que des mots.

Pourquoi ? Pourquoi jamais aucune bagarre ne s'est déclarée ? Nous qui sommes si dominants dans nos foyers, si attachés à notre territoire que nous surveillons et défendons nuit et jour ? Pourquoi avons-nous tous voté la paix en vivant ainsi ensemble ? Pour la simple raison qu'en ce lieu, tous ensemble, il n'y avait rien à défendre, et que pour bâtir pour l'espace de quelques semaines ce « vivre ensemble », la meilleure voie était le respect de l'autre et la paix partagée.

S'il est une différence en la matière entre les hommes et les chats, elle se pose sur des mots qui s'échangent et se répètent sur ce « vivre ensemble », face à des actes concrets. Demain peut-être ?

SUSPENDU AUX MOUSTACHES DU CHAT

« Les chats sont là pour nous apprendre
que tout n'a pas un but dans la nature. »
GARRISON KEILLOR

D'où nous vient ce besoin de nous occuper sans cesse, quand les chats restent immobiles, sans se souvenir d'hier ni se soucier de demain, sans même avoir l'idée d'une quelconque notion de temps.

Rien ne les perturbe, peut-être un peu de solitude ou d'ennui par moments, d'avoir le ventre trop plein. N'ayant plus à survivre, ne reste qu'à jouer et dormir.

De temps à autre, quelques crises d'autorité territoriale leur dégourdissent les pattes, mais pas de guerre fratricide, chacun doit rester à sa place, pour en paix, continuer à jouer et à dormir.

Quelle meilleure vie que de goûter chaque instant à la nature, à ses mystères et ses trésors, même dans un espace mille fois parcouru, y trouver encore quelques perles de beauté, quelques secrets et réconforts, dans son détail et son immensité.

Ils savent l'essentiel, vivre l'instant sans le subir. Ils savent ce qui est bon pour eux, sans controverse, sans litige. La vérité est, sans avoir besoin d'être défendue. La liberté est, vivre chaque jour sans le poids du vécu.

Et ce regard lointain et calme que nous avons parfois, eux l'ont à chaque instant, quand trop souvent nous restons là, avachis sur notre anxiété, à encore nous demander si demain sera un jour ou des milliers.

Savoir relativiser l'importance de nos actes et de nos existences, c'est pouvoir accueillir le bonheur de l'instant présent dans son immensité.

Quand le chat redéfinit les mots à sa manière, il est matière à réécrire un petit dictionnaire.

L'alphabet des petits bonheurs du chat

X|Y|Z

X comme...

Xmas. *Si vous nous aimez, n'oubliez jamais de faire votre sapin de Noël en fin d'année ! D'une pour nous amuser, et de deux pour vous amuser à nous regarder le mettre en pièces !*

Y comme...

Y suffit pas d'y dire, y faut y faire ! *Principe de base du chat lyonnais à l'intention des êtres humains ! En gros : bougez-vous si vous voulez que ça avance !*

Z comme...

Zen. *La zénitude est à la douceur de vivre ce que l'amour est à la raison de vivre.*

LE CHAT EST MAGIQUE, LE CHAT EST UNE PORTE OUVERTE SUR AILLEURS

« Le chat est à nos côtés le souvenir chaud, poilu, moustachu et ronronnant d'un paradis perdu. »
LÉONOR FINI

Le chat est magique à n'en pas douter, et les liens que nous tissons avec lui sont de la même nature. Tant d'auteurs se sont d'ailleurs penchés sur le sujet, pour définir au fil des lignes, cette harmonie de vie commune.

Nous sommes aussi bien connectés, proches et câlins, qu'indépendants, et dans cette relation, pas un ne vient empiéter sur le besoin de tranquillité de l'autre. La recherche de notre bien-être personnel passe par une sorte de respect mutuel.

Le chat est magique quand il nous accompagne sur notre chemin, quand il nous guide. Et même quand il secoue la tête du fait de notre bêtise, à ce moment-là encore, il nous aime. Par moments aussi, je l'entends murmurer : « Même si parfois l'avenir est incertain, c'est ce qui en fait tout le charme ! »

Le chat est magique, car il nous permet de nous sentir vivant. Il nous invite à partager avec lui sa capacité à s'émerveiller. Comme le chat, il faut savoir rester vierge devant chaque nouveauté, la prendre dans toute sa beauté, en percevoir l'extraordinaire sans, d'un revers de main, la repousser.

Le chat est magique car il nous invite à laisser entrer le bonheur dans notre vie. Dans cette quête de libération interne, au quotidien, c'est le bonheur, le vrai, qui prend vie dans la réalisation de soi.

Le chat est une porte ouverte sur un ailleurs que l'on peut caresser du bout des doigts. Sans pouvoir encore le saisir, au moins peut-on dans la construction de ce bonheur le sentir.

Le chat est une porte qui s'ouvre sur nous-mêmes. Ne reste alors plus qu'à la pousser, pour découvrir ce que nous avons de meilleur et effacer ce qui nous gêne.

À regarder les chats évoluer dans ce bonheur paisible, je me remémore souvent cette phrase que Ziggy avait l'habitude de me chuchoter : « Je crois en tout ce qui échappe à l'Homme et me méfie de tout ce qui vient de lui. »

En vérité, je ne dirais pas mieux aujourd'hui.

**Dans ce cheminement intérieur,
pour ne jamais vous perdre,
restez sur votre route de vie !**

LUNDI 100

CAPA

Secret de vie du chat N°15

Si le bonheur se construit par petites touches, par grands élans, constance et amour, il reste parfois fugace, apparaît et disparaît au gré de la houle de la vie, des existences qui s'entrechoquent, et des expériences nécessaires à traverser.

« Combien de temps durera notre plus bel amour ? Pour toujours ? Combien de temps durera notre plus grande souffrance ? À jamais ? » Dans un cas comme dans l'autre, c'est souvent ce que vous vous dites, quand vous baignez dans l'instant, sans plus avoir aucun recul sur le temps, sur la vie. Tout est blanc ou noir pour vous si souvent, car étrangement, vous ne vivez les choses que de manière suspendue dans le temps. Les hommes ont-ils donc ce pouvoir de suspendre le cours de la vie, pour que tout reste figé, et que rien ne change ? Je vous vois sourire. Car oui, il manque un paramètre dans cette équation du noir et blanc…

Avez-vous entendu parler de cette légende dans laquelle un empereur chinois désirait résumer en une phrase l'essence même de la vie ?

Il demanda à ses intellectuels les plus érudits de se pencher sur la question, et de trouver cette phrase, afin qu'elle puisse répondre à toute situation de vie, bonne ou mauvaise que l'homme traverse.

Cette phrase, l'esprit d'un chat est venu la murmurer à l'oreille de l'un de ces sages, comme un ultime secret qu'il se devait de transmettre.

Ce dernier secret de vie est en réalité la clef de voûte de notre univers de chats, quand vous vous demandez à quoi nous pensons, les yeux posés sur le soleil, loin de l'agitation et du bruit...

Même à jouir de tout, à tout instant, en souriant à tout ce que peut nous amener la vie, n'oubliez jamais ce secret de chat. Pour le meilleur et pour le pire...

CAPA...
Cela Aussi PAssera...

CE QUE J'AI OUBLIÉ DE VOUS DIRE... *AVANT DE PARTIR...*

Il est minuit ou presque quand j'entame le dernier jour de ce journal de bord depuis ton départ. En pensant à toi je me questionne. Ai-je été à la hauteur de tes attentes ? Ai-je été à la hauteur de tes messages ? Qui mieux que toi peut savoir ?

– Salut Ziggy ! Alors, comment ça se passe là-haut ?

– *Salut Bonhomme ! Là-haut, là-bas, ailleurs c'est kif-kif ! Ben écoute, on ne va pas se plaindre, il fait beau et la cantine est pas mal ! Les nuages sont moelleux et tiens, j'ai retrouvé la frangine, Shan !*

– Ah oui ? Comment va-t-elle ?

– *Ça roule, elle n'a pas changé, toujours fringante, mais toujours un peu chiante !*

– C'est quoi ce nouveau ton à la Audiard ?

– *Miche-Miche ? Ah ben, on a sympathisé ! Je squatte son plumard au garenne ! Il te fait ses amitiés d'ailleurs !*

– Ah ? Merci... Et sinon, ça va ? Tu me manques tu sais...

– *Ah... Y va pas nous faire sa pleureuse ! 80 kilos de barbaque montés sur burnes ça...*

– Tu ne veux pas ralentir un peu sur la gouaille céleste ?

– *Je déconne Steph ! Toi aussi tu me manques, c'était juste pour dédramatiser un peu tout ça, la vie, la mort, l'absence... Tu sais finalement, quelque part, quand tu claques, c'est un peu comme si tu avais eu ton bac !*

– C'est-à-dire ? Une sorte d'examen de passage ?

– *Ni plus ni moins ! C'est ça ! Tu as fait ce que tu avais à faire, tu as rempli la mission, coché les bonnes cases, et hop ! Direction les études supérieures !*

– Et quand est-ce qu'on sait que...

– *Attends deux secondes... Oh ! Miche-Miche ! Fais péter les sardines ! C'est vendredi quand même là !*

– Ça me rappelle un truc ça...

– *Non t'inquiète, ici, les poissons ne bouffent pas de catholique le vendredi. Ici, on s'en tamponne le coquillard des considérations religieuses. Déjà vu d'en bas, quand j'y étais, ça ne valait pas une canette, mais vu d'ici, comment te dire : je me marre !*

– C'est drôle, je pensais qu'on aurait une discussion un peu...

– *Différente ? Plus profonde ? Plus soutenue ?*

– Je ne sais pas...

– *Écoute, l'essentiel, ça fait 238 pages que tu leur dis. Et même si j'ai mis un peu la patte au manuscrit, on va se poser un peu maintenant. Qu'est-ce tu en dis ?*

– Tu as raison...

– J'ai toujours raison ! Demande à Lao Tseu, Socrate, Hérodote et Platon : quand je parle, ils prennent des notes ! Et je ne te parle pas de Descartes, Nietzsche et Kant, ils sont en plein tournoi de poker menteur !

– Dis-moi, avec l'élévation, tu n'aurais pas pris un peu le melon ?

– Tu veux connaître un autre secret de chat ? En cas de succès, pour garder l'équilibre, il faut avoir la tête qui enfle en même temps que les chevilles ! Ah ! Ah !

– T'es con !

– À ce propos, à ce que je vois, les hommes sont toujours aussi...

– Cons ? Oui parfois ! Souvent même ces temps-ci !

– J'espère que ce qu'on a posé dans ce bouquin pourra au moins en servir quelques-uns.

– J'espère, sinon, à quoi cela servirait-il ?

– Comme pour beaucoup de choses : à alimenter la grande roue de l'inutile, et à recommencer, en espérant qu'au fil des siècles, les hommes puissent enfin passer à un nouveau stade d'évolution, plutôt que de sans cesse recommencer le même cycle d'apprentissage, de génération en génération.

– Tout à l'heure tu me parlais du bac ?...

– Ah ! Mes sardines ! Merci Miche-Miche ! Oui, tu disais ?

– Je me demandais à quel moment on savait que...

– Qu'on allait calancher ?

– Oui, comme tout le monde !

– *Il n'y a pas de pointeuse, pas d'horaire, pas de temps imparti, juste une nécessité et des résultats. Il y a les missions longues, les missions courtes, les transversales, les missions fantômes, les missions où l'on sert de pont... Tout ce qui fait que...*

– Mais alors la vie, c'est quoi ?

– *C'est d'abord ne pas se prendre trop au sérieux ! Et surtout apprendre à rire ! Marrez-vous ! Mais marrez-vous bon sang ! Et surtout croyez ! Car rien ne vaut la magie.*

– La magie ?

– *Oui, la magie. Celle qui fait naître l'amour, celle qui fait naître la vie, celle qui la fait tenir. Celle qui vous permet d'être capables de tout, si tant est que vous ayez parfois plus confiance en vous qu'en vos machines. La magie.*

– La magie... Il me reste encore beaucoup à apprendre.

– *Tu sais écouter et transmettre aujourd'hui. À chacun de trouver à présent la magie de sa vie, ici, ailleurs, à sillonner le monde ou entre ces lignes.*

– La magie... Je vois...

– *Ah ! Ça va être le moment !*

– Le moment de ?

– *Le moment de te dire au revoir mon cher ami. Cette discussion n'était qu'une parenthèse pour définitivement te prouver que la magie existe !*

– Attends ! As-tu un dernier conseil à me donner avant de partir ?

– ... *Tout ce qui fait du bien doit être dit, fait et entendu, tout ce qui fait du bien doit être vu, partagé et vécu.*

– J'ai compris cela...

– *Tu vois finalement, tu ne te débrouilles pas si mal sans moi !*

– Tu comptes revenir ?

– *Pas pour l'instant, mais je compte te revoir !*

– Quand ? Où ça ?

– *Le monde est petit et je ne suis pas plus grand que lui. Au revoir et à bientôt mon ami. Je t'aime.*

– Moi aussi... Au revoir Ziggy.

La magie, celle des instants, celle des bonheurs, celle des souvenirs. La magie est ce qu'il nous reste quand on a décidé d'être heureux et d'enfin lâcher prise. La magie est l'ultime cadeau qui nous est offert pour construire notre bonheur, quand on lâche les rênes pour se laisser emporter les yeux bandés dans une course folle.

Alors, sans plus une ombre dans le ciel, la magie naît de notre foi en la vie.

LE DERNIER MOT DU PATRON

Ce que je voulais vraiment vous dire dans ces mots :

« Lapensar, Naja, Creto, Rena, Regra, Amto, Recal, Sohum, Amtodeto, Sobie, Sosimdi, Palepato, Intavi, Acoja, Capa... »

« La peur ne sert à rien, n'abandonne jamais et crois en toi.
Reste naturel, reste grand et aime-toi.
Reste calme, sois humble et amuse-toi de tout.
Sois bienveillant, sois simple et dis.
Pardonne-leur, pardonne-toi et invente ta vie.
Et aime comme jamais, car cela aussi passera. »

C'est cela agir et penser comme un chat.

ZIGGY

TABLE

À lire aussi, du même auteur
Aux éditions de l'Opportun

*

Catissime, Encyclopédie, 2018

Agir et penser comme un chat,
Cahier d'exercices, 2018

Le Chat en 500 citations, 2017

Agir et penser comme un chat,
édition illustrée en couleurs, 2017

*

Pour en savoir plus sur l'auteur et partager avec lui vos impressions de lecture, retrouvez Stéphane Garnier sur :
www.stephanegarnier.com
et
https://www.facebook.com/agiretpensercommeunchat

Imprimé en Espagne par
Liberdúplex
à Sant Llorenç d'Hortons (Barcelone)
ISBN : 978-2-36075-659-9
Dépôt légal : mars 2019